企業資産管理の実務入門

株式会社日本総合研究所

高津輝章【編著】
Teruaki Kozu

郷原陸・山口翔平・横内健悟【著】
Riku Gohara　Shohei Yamaguchi　Kengo Yokouchi

中央経済社

はじめに

　国内の企業経営を取り巻く環境はここ数年目まぐるしく変化している。2014年に経済産業省から出された「持続的成長への競争力とインセンティブ～企業と投資家の望ましい関係構築～」プロジェクトの報告書（通称，伊藤レポート）において日本企業の低収益性が指摘されたことを皮切りに，2015年にはコーポレートガバナンス・コードが策定・適用（2018年に改訂）され，株主等の「ステークホルダーとの建設的な対話」や「資本コストを意識した経営」が従前と比べて高いレベルで求められるようになった。

　こうした流れを受けて，日本企業のマネジメントの視点も大きく変化してきている。従来は投資家等の社外の声をそこまで意識していない企業も多く，また，管理指標は売上・利益といった損益項目偏重であった。しかし，投資家は企業の売上がいくら大きくとも，投資した資産に見合うリターンが得られなければ納得しないのであり，内向きな，売上と利益に関する議論だけをしていたのでは，そもそも「ステークホルダーとの建設的な対話」や「資本コストを意識した経営」を実現することはできない。そこで，グループ全体のマネジメント，各事業部門のマネジメント双方の場面において，ますます多くの企業で資産に対するリターンや資産の効率性を意識した指標（例：ROIC）が取り入れられるようになってきており，そうした指標の改善がマネジメントのターゲットとなっている。「企業の資産マネジメント」の重要性が増しているのである。

　本書は，この企業の資産マネジメントのうち，直接的に本業の売上を生むわけではない資産，いわゆる「非事業用資産」に焦点を当てている。資産マネジメントの重要性が増す中で，事業用資産を有効に活用するという点については検討が進んでいる企業が多い一方，非事業用資産まで含めたマネジメントに取り組んでいる企業はまだまだ少ない。真の意味で企業の資産マネジメントの高度化を図るためには，事業用資産から生み出される利益を最大化することに加

えて，本書が主たる対象とする「非事業用資産のマネジメント」をうまく行うことが重要になると考えられる。

　第1章では，企業の資産マネジメントを考える際に重要となるROE，ROIC，資本コスト，企業価値などの基本的な概念について解説し，第2章では具体的な統計データや指針なども交えて，企業が保有している資産の実態や企業の資産マネジメントに関連のある各種トピックについて紹介する。第3章から第7章では，現金，保有株式，不動産，知的財産，IT資産の5つの種類ごとに，それぞれの資産の特性を踏まえたうえで企業価値を向上させるための資産マネジメントのポイントを解説する。最後に第8章では，グループ全体の視点での資産マネジメントについて説明する。

　本書が，各企業の資産マネジメントのさらなる高度化を推進する際に少しでもお役に立てば幸いである。

2020年4月

著者を代表して

高津　輝章

目　次

第3章

現金マネジメントのポイント

第4章

保有株式取扱い上のポイント

第5章

不動産マネジメントのポイント

第6章

知的財産マネジメントのポイント

第7章

IT資産マネジメントのポイント

第8章

グループ内資産マネジメントのポイント

第1章

企業の資産マネジメントのポイント

　本章では，以降の章を読み進める際の前提となるいくつかの重要な点について解説する。資本効率の向上が求められている背景について概説した上で，資本効率を測る具体的な指標や，資産マネジメントについて考える際に知っておくべき「資本コスト」，「企業価値」，「株主価値」などの基本的な用語とその意義を紹介する。また，企業価値を高めるためにはどのような資産マネジメントを行う必要があるのか，ROEの改善や自己株式の取得が企業価値の向上にどのような影響を与えるのかといった点についても説明する。

1 ┃ 資本効率と非事業用資産マネジメントの重要性

(1) 資本効率の重要性

　事業経営を行っていく上で，資本効率を意識する場面はますます増えてきている。従来の日本企業はどちらかというと売上・利益といった損益計算書（P/L）重視の経営を行っており，資本効率などの貸借対照表（B/S）マネジメントは後回しになっているケースも見られた。しかし，近年，コーポレートガバナンス高度化への取組みの重要性が高まり，「投資家より預かっている企業資産」からいかに効率的に収益・利益を生み出していくかという点が重視されるようになってきている。そのような中で，これまで一部の経営トップや財務セク

ションのみが意識していた「企業の保有資産や投下資産に対する利益の創出状況を測る指標」が事業部門を含めた企業内のあらゆる場面（計画策定，投資意思決定，業績管理等）で活用されるようになってきている。

　資産に対する利益の創出状況を測る代表的な指標としては，ROA（Return on Assets），ROIC（Return on Invested Capital），ROE（Return on Equity）などがある（図表1-1）。ROAは，総資産利益率のことで，企業が保有するすべての資産（総資産）に対して利益がどの程度創出されているのかを測る指標である。ROICは投下資本利益率のことで，企業が事業に投下した資産（事業用の運転資本＋固定資産）に対して利益がどの程度創出されているかを測る指標である。ROAと考え方が大きく異なるものではないが，投下資本からは買掛金等の事業用債務を控除するため，投下資本は有利子負債と株主資本の合計額と一致し，より投資家目線のリターンを測る指標であるといえる。また，

【図表1-1】　資産に対する利益の創出状況を測る各指標の考え方

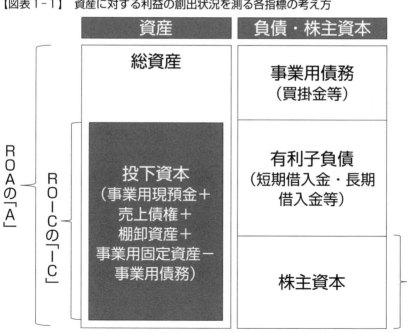

ROICのリターンは一般的に税引後利益を用いる。さらに，株主のリターンに注目したのがROE（株主資本利益率）であり，株主に帰属する資産に対して，どの程度のリターンが創出されているかを測る指標である。

　資本効率をめぐっては，2014年8月に経済産業省から公表された「持続的成長への競争力とインセンティブ〜企業と投資家の望ましい関係構築〜」プロジェクトの報告書が話題となった。一橋大学大学院の伊藤邦雄教授が座長を務めた本プロジェクトの最終報告書は，通称「伊藤レポート」と呼ばれている。

　伊藤レポートの中では，日本企業は「持続的低収益性」に陥ってきたことが指摘されている。日本企業のROEは20年の長期間にわたり欧米企業の半分以下の水準（5％を割る低水準）で推移してきており，「最低限8％を上回るROEを達成することに各企業はコミットすべきである」とされた。その達成のためには，「資本効率を意識した企業価値経営への転換」を図ることが必要であり，中長期的なROE向上を経営の中核目標とする，目指すべきROE水準と資本コストへの認識を高める，企業価値向上の観点から資本政策を語る，CFO人材を強化・育成する，ROE等を現場に落とし込む，収益力と資本効率向上を日本経済の好循環につなげるといった具体案が提言されている（次頁図表1-2）。

(2)　非事業用資産のマネジメント

　こうした外部環境の変化も踏まえ，資本効率の向上に向けた取組みはすでに多くの企業で推進されているが，その主眼は「事業資産（設備投資等）から」いかに効率的・効果的に利益を生み出すかという点に置かれている。本業の収益性が高まらないことには資本効率も企業価値も高まらないため，それは当然取り組むべきことであるといえる。しかしながら，真の意味で資本効率の最大化を追求する上では，事業資産のマネジメントとあわせて，いわゆる「非事業用資産」のマネジメントも重要になる。

　非事業用資産には明確な定義はないが，本書では，事業に活用する予定のな

【図表1-2】 「伊藤レポート」の提言 「資本効率を意識した企業価値経営への転換」より抜粋

中長期的なROE向上を経営の中核目標に	企業の持続的成長は，長期的な視野を持つ投資家との協創の成果であり，それを評価する重要な指標がROE等の資本利益率である。グローバル経営を推進するには，国際的に見て広く認知されているROE等の経営指標を経営の中核的な目標に組み入れ，それにコミットした経営を実行すべきである。
目指すべきROE水準と資本コストへの認識を高める	ROEの水準を評価するに当たって最も重要な概念が「資本コスト」である。長期的に資本コストを上回る利益を生む企業こそが価値創造企業であることを日本の経営陣は再認識し，理解を深めるべきである。本プロジェクトでは，グローバルな機関投資家が日本企業に期待する資本コストの平均が7％超との調査結果が示された。これによれば，ROEが8％を超える水準で約9割のグローバル投資家が想定する資本コストを上回ることになる。個々の企業の資本コストの水準は異なるが，グローバルな投資家と対話をする際の最低ラインとして8％を上回るROEを達成することに各企業はコミットすべきである。
企業価値向上の観点から資本政策を語る	企業が，自社の資本政策（配当，自社株買い，再投資）について中長期的な企業価値向上の観点から検討し，その方針や資金効率に対する考え方（資本コストやROE），リスク認識等を関連付けて説明し，投資家との対話を通じて相互理解を深めることは双方にとって有意義である。投資家から見ると，内部留保は将来の企業価値向上に向けた再投資であり，それが有効活用されることを期待している。
CFO人材を強化・育成する	資本コストやROE等の資本規律を中長期的な経営指標として組み込んでいくためには，ビジネスモデルやマネジメントシステム，インセンティブ構造等を変革していくとともに，精度の高いリスク・マネジメントを前提に適切なリスクを取って競争力確保・向上に取り組むことが求められる。その際，CEOが思い切った経営執行する前提条件として，経営者と二人三脚で企業経営を行うべき「経営者としての財務最高責任者（CFO）」の存在が重要である。今後そうしたCFO人材のプールを拡充すべく，その育成・強化に注力していくべきである。
ROE等を現場に落とし込む	ROEを事業の利益率や資産の回転率等に要素分解して自社にあった形で現場の目標に落とし込むことも重要である。その際，資本利益率を念頭に置いて個々の事業を評価するため，ROIC（投下資本利益率）等を活用することも有益である。ROEを社内目標に落とし込み，投資家との対話において企業の経営戦略を表現する上で，こうした具体的な例（要素分解した目標やロジックツリー等）を用いることも重要性が高い。
収益力と資本効率向上を日本経済の好循環につなげる	企業がROE等で示される収益力を向上し，付加価値を高めることは，日本経済の好循環，持続的成長につながる。給与や人材投資の増加，研究開発や設備投資のための原資確保，企業の資金調達の多様化，株式市場を通した年金パフォーマンスの改善，税収確保，ひいてはグローバルな競争力を評価した海外からの投資の拡大など，さまざまなプラス効果が期待できる。

（出所）「持続的成長への競争力とインセンティブ～企業と投資家の望ましい関係構築～」プロジェクト（伊藤レポート）要旨「Ⅰ．持続的成長への経営改革に向けて」

い多額の現預金（余剰キャッシュ・フロー）や，当面事業に活用予定のない遊休不動産，事業との関連性はあるもののその保有意義が問われている持合株式等の有価証券や知的財産，間接部門の投資としての情報システム資産など，非事業用資産を幅広く捉えてそのマネジメントのあり方を検討する。

　持合株式の解消など，非事業用資産のマネジメントをすでに進めている企業も多く存在しているが，非事業用資産のマネジメントを体系的に捉えて進めている企業はまだまだ少ないのではないだろうか。非事業用資産を含む企業資産をいかにマネジメントするかは，企業価値向上のための重要な論点である。

　なお，前述の伊藤レポートの中でも，非事業用資産という言葉自体は使われていないが，「日本企業で積み上がった現預金・有価証券がROE水準を引き下げている」との指摘がなされている。すなわち，事業に活用する予定のない低収益の非事業用資産についても，投資家から預託されている資産である以上，適切な収益を生み出すように活用していくか，さもなくば株主に還元するなど

【図表1-3】　非事業用資産の範囲（イメージ）

総資産
【事業用資産】 ・事業運営に必要な現預金 ・売上債権 ・棚卸資産・在庫 ・子会社株式・関連会社株式 ・事業用固定資産（建物・土地等） ・その他事業用資産
【非事業用資産】　　　　　　　　　　　本書の対象 ・余剰現預金 ・余剰資金の運用先としての有価証券 ・遊休不動産，活用予定のない知的財産 ・間接部門の保有する固定資産・情報システム資産 ・持合株式 ・その他事業との関連性の低い資産

して資本効率を高めていかなければ株式市場からは評価されないということである。

(3)　投資家（株主）側の視点

　企業が資本効率を検討する際には，投資家（株主）側の立場や視点を理解しておくことも重要である。投資家の代表が，第三者（顧客）から預かった大量の資金を株式やその他の金融商品に投資・運用している「機関投資家」と呼ばれる法人であり，投資銀行や保険会社，年金機構などが挙げられる。株式市場における株主数では個人投資家のほうが多いが，運用金額や売買金額の規模は機関投資家のほうが圧倒的に大きい。

　こうした機関投資家は，資金提供者から預かった資金を運用している立場であり，その運用形態が株式投資の場合には，投資先の企業を理解し，投資先企業と対話し，資金提供者（顧客・受益者）の中期的な投資リターンの向上を図る責任がある。そのため，機関投資家は，企業の経営戦略や成長戦略はもちろんのこと，企業内での資産マネジメントの状況やそれらの結果としての資本効率の状況をチェックしており，企業側の説明が不十分であったり，方針が不明確であったりする場合には，その企業に対して積極的に投資はできないという判断を下すことになる。結果として，投資家との対話が不十分な企業はマーケットで評価されず，企業価値が毀損することになるのである。

　中長期的視点で企業価値を向上させていくためには，非事業用資産のマネジメントも含む資産効率に関する検討を進めるとともに，それらについて投資家との対話を通じて資本市場に発信していくことが求められる。

　伊藤レポートの中では投資家との対話について，「対話に当たっては，損益だけではなく，バランスシートやキャッシュフローにも踏み込んで，それら相互の関係を含む，長期的視点に立った議論を心がけるべきである。この観点から，資本効率（資本アロケーションの妥当性）に関する経営上の課題について話し合われることも重要である。～（中略）～特に投資家側にとっては内部留保

が如何に成長原資として再投資されるのかが大きな関心事項であり，対話・エンゲージメントの中で内部留保の使途に関する議論がなされることが重要である」との指摘がある。非事業用資産に焦点を当てて言い換えるならば，収益性の低い非事業用資産はできる限り圧縮し，その分を成長へ向けた投資へ充てるか，あるいは投資家へ還元し資本効率を高めていくかといった議論がなされるべきである，ということになるだろう。

2 ▍企業資産と企業価値の関係

　個別の非事業用資産のマネジメントについては以降の章で詳しく見ていくが，その前提として，企業資産と企業価値の関係性を整理しておくこととする。

(1)　資本コストとは

　企業資産と企業価値の関係を理解するためには，まず資本コストについて理解する必要がある。資本コストとは，資金調達に必要なコスト（利回り）のことである。調達した資金は何かしらの資産に投下されるので，資本コストは，資産側の観点で言い換えるならば「資産を保有することによってかかるコスト」である。

　この「資産を保有するとコストがかかる」という考え方は，資本効率や非事業用資産のマネジメントを考える上で極めて重要である。例えば，よく聞く話として，「うち（当社）は現預金を潤沢に持っているので優良企業だ」，「事業には活用していないがいざとなったら売却できる土地が大量にあるのは強みだ」といったものがある。これ自体は，ある部分では正しいが，企業価値向上の視点からは誤りである。確かに，余剰現預金や余剰資産が多くあれば，万が一赤字になった際にも倒産を免れることができるという点で企業経営者や従業員からすれば安心であろう。しかし，企業に資金を預けている（投資している）投資家の立場になって考えてみると，この話は大きく異なって見えることに気

がつく。

　先ほどの話で出てきた余剰現預金はこの低金利の世の中では全くリターンを生まないし，遊休不動産も基本的にはリターンを生まない。企業（株式会社）が何の収益も生まない資産を大量に保有している場合，それは投資家の資産を「何もせずに遊ばせている」ことと同義である。投資家には，自らが期待するリターンがあり，それを上回る利益を生み出してくれると考えるから企業に投資するのである。仮に投資先の企業がそうした利益を生まない資産を大量に持っているのであれば，当然その分利回りは下がるので，そのような企業の株式の評価も下げるであろう。また，例えば余剰現預金があるのであれば，投資家としては，還元（配当など）してくれれば別の投資機会に投資するという選択肢があるのになぜ遊ばせているのか，と考えるであろう。

　資金調達のコストであり，同時に「資産を保有することのコスト」であるこの資本コストという概念を理解することが資産マネジメントの第一歩であり，前提であるといえる。そして，もう一歩進めて言うと，資本コストを上回るリターンを資産が生み出している場合に，企業価値は向上することになる。

　では，資本コストはどのように測ることができるのだろうか。資本コストは，有利子負債の借入の調達にかかる「負債コスト」と，株主資本の調達にかかる「株主資本コスト」の2つからなる。負債コストは，借入にかかるコストであるため，借入利息と概ね同義である。ただし，実際には企業の支払利息はその分法人税を安くしてくれる効果（負債の節税効果）があるため，その分を考慮する必要がある。

　一方，株主資本の調達コストの特定はやや複雑である。借入であれば，金融機関等との契約（金銭消費貸借契約）の中で利息を決定するため，その利率がベースとなる。一方で，株主から資金を調達する際に，あるいは株式市場で株主が株式を購入する際に，「利回り」は明示されていない。株式を購入する投資家は，何らの利回りの保証がない中で，投資先企業を吟味し，期待リターンを想定し，投資行動を決定しているのである。そのため，株主資本コストは「推計」することしかできない。この推計の方法はCAPM（Capital Asset Pricing

Model）と呼ばれるモデルで行われることが一般的である。これは，過去の株式市場での平均的な収益率と，個別企業や業界の特性を考慮し，株主が期待するリターンを推計するモデルである。

　日本市場においては，個別企業の特性を除くと，株主は概ねリスクフリーレート（10年物の国債利回り）＋5〜6％のリターンを期待していると推計されている。つまり，仮に国債の利回りが1％だとすると，年率6〜7％程度のリターンを求めているということになる。言い換えると，この6〜7％が，株主から資金を調達する際のコスト（株主資本コスト）ということになる。ただし，これらはあくまで平均的な水準であり，例えば安定している業界・企業（景気の変動の影響を受けにくい業界）ではこの株主資本コストはもう少し小さな値となるし，業績の振れ幅が大きい業界・企業ではこの値よりも大きな株主資本コストがかかることになる。

　そして，ある企業の資本コストは「負債コストと株主資本コストを加重平均した加重平均資本コスト（WACC；Weighted Average Cost of Capital）」となる。例えば，負債コストが1.5％で負債金額（有利子負債）が200万円，株主資本コストが6％で株主資本（時価総額）が100万円だった場合，加重平均資本コストは1.5％×（200万円÷（200万円＋100万円））＋6％×（100万円÷（200万円＋100万円））で「3％」となる（**図表1-4**）。この資本コストが「3％」であるという状態は，企業は保有している資産（投下資本）に対して，3％以上のリターンを創出することを投資家から要求されている，ということを意味する。仮に1,000万円相当の遊休不動産を有している場合，その不動産には，実際に目に見えるコストが発生していないとしても，毎年30万円のコストがかかっているということである。つまり，その不動産が何も収益を生んでいない以上，株式市場での企業の評価がその分毀損しているのである。

　なお，この資本コスト（株主資本コスト）について，伊藤レポートの中では，以下のように説明されている。

　「投資家が株式を購入するインセンティブは何か。それは『期待』である。

【図表1-4】 資本コストの考え方

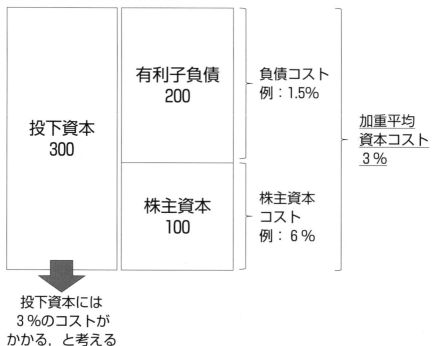

そうした『期待』を裏切られれば，株主は失望や不満を株主総会等で表明し『ボイス（voice）』，あるいは資本市場で現金化『エグジット（exit）』する。つまり，企業は株主の『期待』と『失望』と背中合わせなのである。そうしたリスクに見合う最低限の『期待』と『失望』の分水嶺が『資本コスト』なのである。日本企業はこれまでどれだけこの資本コストと向き合ってきただろうか。株主は当然のことながら，資本コストを上回る収益性を期待する」

(2) 企業価値を高める資産保有・活用の考え方

　次に，この資本コストという考え方を用いて，企業価値（Enterprise Value）をどのように求めることができるのかを見ていきたい。

　企業は，株主や債権者から資金を調達し，その資金で資産に投資し，収益を生んで債権者への元利返済や株主への配当を行う。その観点から，企業価値とは，株主価値と債権者価値の合計であると定義することができる。株主価値を主にした言い方をすると，株主価値は企業価値から債権者価値（返済すべき有利子負債）を差し引いたものであり，これが理論上は株式市場での当社の株式時価総額と一致するという関係になっている。有利子負債を一定とすると，企業価値を高めることが，すなわち株主価値（株式時価総額）を高めることになる。

　企業価値は，将来企業が生み出す収益（キャッシュ・フロー）を加重平均資本コストで現在価値に割り戻すことで算定できる。これをDCF（Discounted Cash Flow）法という。なお，将来のキャッシュ・フローからは，投資に必要な金額を差し引いて計算する必要がある。

　具体的な数値例で考えてみよう（**図表1-5**）。A社は今後（永久に）毎年1億円のキャッシュ（各種費用や設備投資考慮後）を創出することができるとする。A社の加重平均資本コストが5％だとすると，当社の企業価値は20億円と算出できる。この20億円は，1年後の1億円を1.05（1＋5％）で割り戻し，2年後の1億円を1.05の2乗で割り戻し，3年後の1億円を1.05の3乗で割り戻し……というのを永遠に続けていった結果である。遠い将来の1億円の価値は限りなくゼロに近づくため，20億円の価値の大半は今後数十年で生み出され

【図表1-5】　将来キャッシュ・フローと現在価値の関係

	現在時点	1年後	2年後	3年後	…	100年後	…
将来キャッシュ・フロー（円）		100,000,000	100,000,000	100,000,000	…	100,000,000	…
割引率	1.000	1.050	1.103	1.158	…	131.501	…
現在価値（円）		95,238,095	90,702,948	86,383,760	…	760,449	…

現在価値の合計（円）	2,000,000,000

➡現在価値の合計であり，同じ将来キャッシュ・フローであれば，年当たりの金額（1億円）を割引率（5％）で割ることで算出できる（無限等比級数の和の公式より）

る価値となる。

　ちなみに，100年後の1億円は，資本コストが5％として，現在価値に割り引く（1億円を1.05の100乗で割る）とたったの76万円の価値しかないことになる。

　この76万円という金額は，いわば次の質問に対する投資家の答えである。

　「100年後にA社が創出する1億円を得る権利を，あなたはいくらで買いますか」

　100年後，自身はおそらくこの世にいないのであるから，自分で使うことはできないお金であると考えられる（子どもや孫には残せるものではあるし，法人投資家であれば法人は100年後も存続しているかもしれないため，もちろん価値はゼロではない）。この時間の価値（現在ではなく，将来時点でもらうということによる価値の毀損）は大きい。さらに言うと，100年後にA社が本当に1億円を創出できるかはわからない。それらのリスクプレミアムを織り込んだのが「5％」である。これらを考慮すると，その価値（現在価値）は76万円になるのである。

　では，遊休不動産（例えば遊休の土地）は企業価値に貢献するであろうか。確かに資産として保有している限り，いずれは売却するなどして，キャッシュ・フローの創出に貢献することになる。しかし，企業がその活用プランを明確に持っていない場合，それらの不動産は塩漬けになっているとみなされ，企業価値にはほとんどプラスの影響を与えない。つまり，仮に100年後に売却するかもしれない1億円の遊休不動産の価値は，投資家から見ればたったの76万円の価値しかないのである。

　一方で，こうした非事業用資産の活用方針が明確になっている場合，当然企業価値にプラスの影響を与える。事業資産として再活用する，もしくは近いうちに売却してキャッシュ化する（その上でキャッシュを投資家に還元するか，新たな成長投資に使う）といったことが明らかであれば，それは近いうちに実

【図表1-6】　非事業用資産のマネジメントと企業価値の関係

<マネジメントするケース>　　　　　<マネジメントしないケース>

価値1億円の遊休不動産（土地）をマネジメントし，1年後に活用・売却	価値1億円の遊休不動産（土地）を放置し，100年後に活用・売却
【現在価値（企業価値への加算）】 1億円÷（1＋5％） ⇒約9,500万円	【現在価値（企業価値への加算）】 1億円÷（1＋5％）^{100} ⇒約76万円

>

1年後売却　　　　　　　　　　　　　　　　　　　100年後売却

※　加重平均資本コストは5％とする

現するキャッシュ・フローとなり，1億円近い価値（正確には売却益に課されるであろう法人税を差し引いた金額）が企業価値に加えられることになる。

　ここに本書で掲げている非事業用資産マネジメントの本質がある。すなわち，非事業用資産のマネジメントをしないということは，とりあえずそれらの資産を塩漬けにするということであり，企業価値をその分毀損させているということを意味する。逆に，適切な資産のマネジメントを行えば，理論的にも，企業価値の向上につながるのである。

3 ┃ 企業資産とROEの関係

(1)　ROEに影響を与える要素

　では，伊藤レポートで言及されている「最低限8％を上回るROEを達成することに各企業はコミットすべきである」という点について，どうすれば企業はROEを高めることができるのであろうか。一般に，ROEは以下の式に分解できる。

　　ROE＝当期純利益÷株主資本

　　　　＝（当期純利益÷売上高）×（売上高÷総資産）×（総資産÷株主資本）

　　　　＝売上高当期純利益率×総資産回転率×財務レバレッジ

　これはデュポン・システムと呼ばれる分解式で，化学メーカーのデュポンが自社の財務状況を分析する際に用いたことからこのように呼ばれている。この算式によれば，ROEを高めるためには売上高当期純利益率，総資産回転率，財務レバレッジのいずれか（あるいは複数）を高めればよいということになる。売上高当期純利益率，総資産回転率の２つは事業側の視点である。売上高当期純利益率を高めるためには，費用の増加を抑えつつ付加価値を上げて売上高を増加させるか，売上高を維持しつつ費用を削減することが求められる。また，総資産回転率を高めるためには，より少ない資産でより多くの売上をあげることが求められる。ちなみに，この２つの指標（売上高当期純利益率と総資産回転率）を掛け合わせたものは，（利益÷総資産）となり，ROA（総資産利益率）と一致する。

　一方，財務レバレッジは資金調達側の視点である。株主資本を一定として総資産を増加させるか，総資産を一定として株主資本を少なくすることによって財務レバレッジを高めることができる。企業の資金調達は基本的には負債と株主資本の２種類なので，株主資本の比率が小さくなるということは，負債の比率が高まるということである。負債の比率が高まる場合，いわゆるてこの原理（レバレッジ効果）によって，ROEを高めることができる。

　財務レバレッジによるROEの向上を数値例で見てみたい（**図表１−７**）。総資産が20億円，営業利益１億円の企業において，総資産の調達源泉が借入10億円（金利は２％で2,000万円），株主資本10億円のケース（ケース①）と，借入15億円（金利は２％で3,000万円），株主資本５億円のケース（ケース②）があったとする。

　ケース①においては，税引前当期純利益が金利控除後で8,000万円，法人税率を30％とすると税引後当期純利益で5,600万円となり，ROEは5.6％（当期純

【図表1-7】　ROEの計算例

		ケース①	ケース②
資産・負債 （百万円）	負債	1,000	1,500
	株主資本	1,000	500
	総資産	2,000	2,000
損益 （百万円）	営業利益	100.0	100.0
	支払利息（2%）	20.0	30.0
	税引前当期純利益	80.0	70.0
	法人税等（30%）	24.0	21.0
	税引後当期純利益	56.0	49.0
指標	財務レバレッジ	2.0	4.0
	ROE	5.60%	9.80%

利益5,600万円÷株主資本10億円）と計算される。

　ケース②においては税引前当期純利益が金利控除後で7,000万円，同税引後当期純利益で4,900万円となり，ROEは9.8%と計算される。

　これを，財務レバレッジを用いて計算すると，ROE＝総資産当期純利益率×財務レバレッジなので，ケース①は総資産当期純利益率2.8%（5,600万円÷20億円）×財務レバレッジ2倍（20億円÷10億円）でROEは上記計算と同様5.6%となり，ケース②は総資産当期純利益率2.45%（4,900万円÷20億円）×財務レバレッジ4倍（20億円÷5億円）でROEは9.8%となる。

(2)　企業価値を高めるROEとは

　それでは，売上高当期純利益率，総資産回転率，財務レバレッジの3つの指標のうち，どの指標を変化させてROEを高めたとしても，企業価値は高まるのであろうか。実際には，企業価値を高める効果は売上高当期純利益率と総資産回転率の向上によるものが大きく，財務レバレッジの向上は企業価値向上に

は大きなインパクトはない。

　これを考えるにあたっては，改めて企業価値の算定方法を思い出す必要がある。企業価値とは，将来企業が生み出す収益（キャッシュ・フロー）を加重平均資本コストで現在価値に割り戻したものであった。売上高当期純利益率を高めること，あるいは総資産回転率を高めることは，保有する資産から将来企業が生み出すキャッシュ・フローを高めることそのものであるため，企業価値は向上することになる。

　一方，財務レバレッジを高めたとしても，事業規模が同じであれば，将来企業が生み出すキャッシュ・フローを高めることはない。では，加重平均資本コストを下げる効果はないのであろうか。資本コストが小さくなれば，生み出すキャッシュ・フローが増えないとしても，計算上の企業価値は高まることになるからである。確かに，一般的に株主資本コストよりも借入金利のほうが安いため，財務レバレッジが高まると，加重平均資本コストが下がるように思われる。しかしながら，財務レバレッジが高まると，実際にはそれに応じて株主資本コストも高まることになる。これは，財務レバレッジが高い企業ほど，業績の振れ幅が拡大し，株主が要求するリターン（安定している事業ほど株主の要求リターンは小さい）が高まるからである。

　先ほどのROE計算例のケース①，②において，今度は業績が大きく落ち込んだ場合を考えてみたい（**図表1-8**）。1億円あった営業利益が3,500万円まで減少した場合，ROEはどのように変化するだろうか。ケース①においては，税引前当期純利益1,500万円，税引後当期純利益1,050万円，ROEは1.05％となる一方，ケース②においては，税引前当期純利益500万円，税引後当期純利益350万円，ROEは0.7％まで下がってしまう。てこの原理が逆に作用し，業績が悪化すると，ROEも大きく悪化するのである。

　このように，財務レバレッジが高まるほど業績の変動幅が拡大するため，株主資本コスト（リスクに相応する形で株主が求めるリターン）も大きくなり，結果として財務レバレッジ向上によるROEの向上は企業価値にプラスの影響を与えないのである。

【図表1-8】　業績悪化時のROEの計算例

		ケース①	ケース②
資産・負債 （百万円）	負債	1,000	1,500
	株主資本	1,000	500
	総資産	2,000	2,000
損益 （百万円）	営業利益	35.0	35.0
	支払利息（2％）	20.0	30.0
	税引前当期純利益	15.0	5.0
	法人税等（30％）	4.5	1.5
	税引後当期純利益	10.5	3.5
指標	財務レバレッジ	2.0	4.0
	ROE	1.05%	0.70%

　ただし，負債の節税効果を考慮すると，その分だけ企業価値は高まることがわかっている。つまり，負債の利息は，損益計算上，費用（税務上の損金）に算入することができるため，その分法人税を少なくする効果がある。近年の低金利下においてはその効果も従前よりは小さいが，法人税の節税効果分，財務レバレッジの向上は企業価値の向上に資する点は押さえておく必要がある。一方で，財務レバレッジを高めすぎると，負債の調達コストが上がる可能性がある点は併せて留意が必要である。あまりに負債比率が高い企業は，当然その倒産リスクを意識されるようになるため，借入金利が高くなる可能性がある。そうすると，加重平均資本コストも高まり，節税効果以上に企業価値を毀損してしまう可能性があるのである。

　このような議論は最適資本構成（負債・株主資本のバランス）の問題として長くファイナンスの世界で議論されているものであり，一律に最適解を求めにくい非常に難しい課題である。その意味で，最適資本構成に王道はなく，企業価値を高めるためには，結局は本業の収益性・資産効率（売上高当期純利益率，総資産回転率）を高めることが近道である。

　ただし，事業内容（事業リスク）が大きく異なる場合には，売上高当期純利益率や総資産回転率を高めることが，必ずしも企業価値の向上につながるわけではない点には留意が必要である。先ほどの財務レバレッジが高まるほど株主資本コストが高まるのと同じ理屈で，より収益の変動が大きい事業領域の比率が高まるほど，株主資本コストも高まることになる。そうした事業リスク（事業から生み出される利益の振れ幅）も考慮した上で，利益水準を高めていくことが求められるといえよう。

　図表1-9は，一定期間のROEの変化率と財務レバレッジの変化率で実際の企業をプロットした図表である，図表の上の企業ほど，一定期間でROEを向

【図表1-9】 ROE－財務レバレッジマトリクス

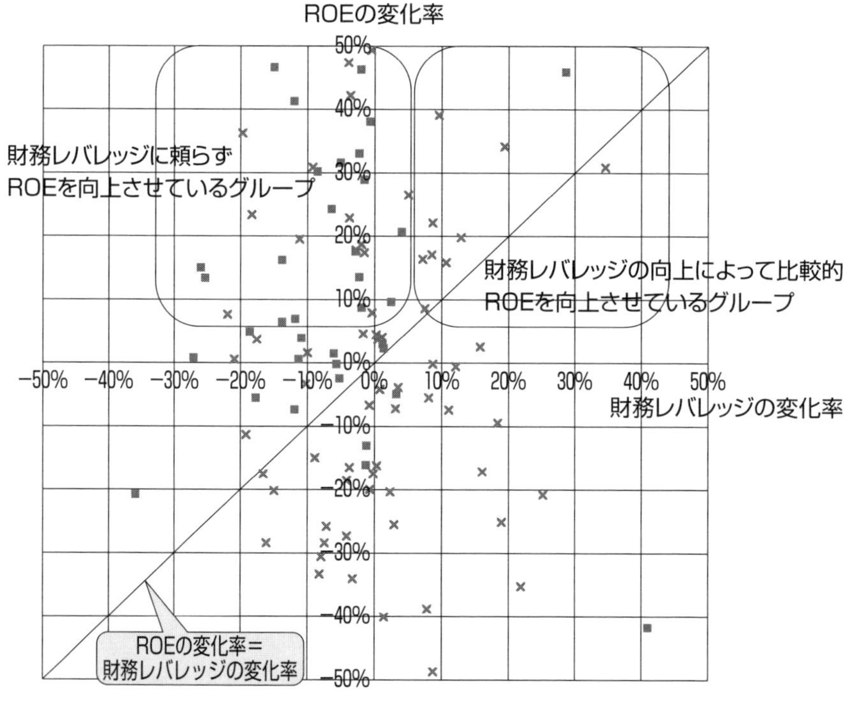

■：2015年3月期から2019年3月期にかけての時価総額の変化率がTOPIXの変化率より大きい
✕：2015年3月期から2019年3月期にかけての時価総額の変化率がTOPIXの変化率より小さい

上させた企業であり，右の企業ほど同期間で財務レバレッジを上昇させた企業である。また，各点は個別の上場企業（時価総額上位企業）を表しており，✖は同期間にTOPIX（東証株価指数）のパフォーマンス水準を下回る株価水準であった企業，■はTOPIXのパフォーマンス水準を上回る株価水準であった企業を示している。

　こうして見ると，ROEを向上させた企業ほど株価が高まっている企業が多い（■が多い）ことがわかるが，一方で財務レバレッジを高めたからといって，株価が高まっている企業の比率が増えているわけではないことが見て取れる。

　また，次頁**図表1-10**は，時価総額の変化率と総資産当期純利益率，財務レバレッジの変化率の相関関係を見たものである。総資産当期純利益率（売上高当期純利益率×総資産回転率）は時価総額と高い相関を示している一方で，財務レバレッジは時価総額との明確な相関は確認されなかった。

　明確な因果関係が示されているわけではないものの，これらの結果からも，財務レバレッジではなく，事業の成果による利益水準の向上がより重要であることがわかるだろう。

⑶　ROEと自己株式の取得との関係

　ここまでの議論を踏まえて非事業用資産のマネジメントとROEの関係についても整理しておきたい。非事業用資産をうまく活用し，売上や利益が生み出されるようになれば（コストの圧縮を含む），売上高当期純利益率や総資産回転率が高まることになる。また，活用用途がないとしても，非事業用資産を圧縮できれば，総資産回転率を高めることができる。キャッシュに変えて，他の事業に投資して，収益を向上させることでもROEを高めることができるだろう。

　もう1つは，他の事業も含めて活用余地のない非事業用資産を，自己株式の取得に充てるという考え方がある。自己株式の取得とは，既存の株主から自社の株式を購入し，自社で保有（または消却）することを意味する。自己株式の取得は原則として分配可能額の範囲内でなされる必要があり，その意味で会社

【図表1-10】 時価総額（株価）と指標の相関

変化率計測期間	目的変数	説明変数（変化率）	偏回帰係数	t値	p	コメント
2017/3期-2019/3期	時価総額変化率	総資産当期純利益率（売上高当期純利益率×総資産回転率）	0.2713	3.3060	0.0012	• 総資産当期純利益変化率は1％の水準で有意 • 財務レバレッジは有意な相関なし • 総資産当期純利益率が1％増加すると，時価総額が約0.27％増加する
		財務レバレッジ	−0.4002	−1.2605	0.2096	
		定数項	0.1435	4.7849	p<0.001	
2016/3期-2019/3期	時価総額変化率	総資産当期純利益率（売上高当期純利益率×総資産回転率）	0.2992	2.9423	0.0038	• 総資産当期純利益変化率は1％の水準で有意 • 財務レバレッジは有意な相関なし • 総資産当期純利益率が1％増加すると，時価総額が約0.30％増加する
		財務レバレッジ	0.0046	0.0157	0.9875	
		定数項	0.2545	6.6543	p<0.001	
2015/3期-2019/3期	時価総額変化率	総資産当期純利益率（売上高当期純利益率×総資産回転率）	0.3961	2.6168	0.0100	• 総資産当期純利益変化率は1％の水準で有意 • 財務レバレッジは有意な相関なし • 総資産当期純利益率が1％増加すると，時価総額が約0.40％増加する
		財務レバレッジ	0.0320	0.0766	0.9391	
		定数項	0.2296	4.2604	p<0.001	
2014/3期-2019/3期	時価総額変化率	総資産当期純利益率（売上高当期純利益率×総資産回転率）	0.5958	3.3822	p<0.001	• 総資産当期純利益変化率は0.1％の水準で有意 • 財務レバレッジは有意な相関なし • 総資産当期純利益率が1％増加すると，時価総額が約0.60％増加する
		財務レバレッジ	−0.1210	−0.2122	0.8323	
		定数項	0.5237	6.6967	p<0.001	
2013/3期-2019/3期	時価総額変化率	総資産当期純利益率（売上高当期純利益率×総資産回転率）	0.7768	2.5421	0.0124	• 総資産当期純利益変化率は5％の水準で有意 • 財務レバレッジは有意な相関なし • 総資産当期純利益率が1％増加すると，時価総額が約0.90％増加する
		財務レバレッジ	1.0119	1.2981	0.1970	
		定数項	0.9219	7.3413	p<0.001	

法上は剰余金の配当と同一の性格を有する行為と位置づけられている。すなわ
ち，剰余金を投資家に還元する手段として，配当金の支払という手段を選択す
るか，自己株式の取得という手段を選択するかという違いであり，両者に本質

的な違いはない。ただし，企業にとって配当金は一度その水準を引き上げると，業績が悪化しない限り一般に翌期以降もその水準を落としにくくなるため，「一時的な」剰余金の投資家への還元策としては自己株式の取得を選択することが多い。

自己株式は貸借対照表では株主資本のマイナス勘定として表示され，株主資本が圧縮され，結果としてROEが改善するケースがある。では，非事業用資産（余剰現預金等）を活用した自己株式の取得によって企業価値は高まるのであろうか。

まずは十分な投資機会があるケース（余剰資金の使途があるケース）を見ていきたい（**図表1-11**）。

当企業には期待収益率10％の投資案件が存在しているため，自己株式を取得しない場合，手許にある現金200万円は投資に振り向けられることになる（もちろん，現実には一定の手許現預金を残す必要がある）。そうすると，将来の期待利益は投下資産合計1,000万円の10％で100万円となり，ROEは期待利益100万円を株主資本1,000万円で割った10％となる。

一方，手許現金の200万円を使って自己株式を取得する場合，自己株式取得後の資産は元から有している800万円のみとなる。一方，株主資本も自己株式の取得分マイナスとなり，800万円となる。将来の期待利益は投下資産800万円の10％で80万円となり，ROEは期待利益80万円を株主資本800万円で割った10％となる。自己株式を取得しない場合の計算例との比較からわかるように，自己株式の取得によってROEは向上していない。

計算結果は当たり前のもののように思えるが，自己株式取得の最も基本的な性質はこの計算例に凝縮されている。通常の投資機会を有する企業においては自己株式の取得によってROEは何ら高まらないのである。

次に，企業内に十分な投資機会がないケースを見ていきたい（**図表1-12**）。

自社に十分な投資機会がなく余剰資金を有しているケース，すなわち，「自己株式の取得の影響（投資機会があるケース）」で前提として置いた「投資案件の存在」がない場合には，自己株式の取得によってROEが上昇することに

【図表1-11】 自己株式の取得の影響（投資機会があるケース）

【前提事項】
① 当企業における過去投資からの収益率は10%であるとする
② 当企業には一定の投資案件（期待収益率10%）が存在しているものとする
③ 「ROE＝将来の期待利益÷株主資本」で計算するものとする
④ 当企業は負債を有さないものとする
⑤ 当企業は現金200万円，現金以外の投下資産（建物・土地等）800万円を有しているものとする

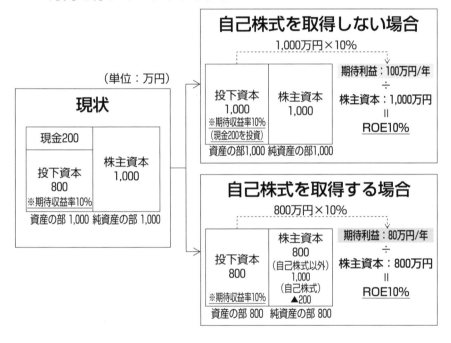

なる。以下，先の例同様，数値例で見ていく。

当企業には収益の見込まれる投資案件は存在していないため，自己株式を取得しない場合，手許にある現金200万円はそのまま保有されるか，または期待収益率の極めて低い投資案件に振り向けられるおそれがある。ここではそのまま現金として保有され，収益は生まないものと考える。その結果，将来の期待利益は投下資産800万円から得られる80万円のみとなり，ROEは期待利益80万

【図表1-12】　自己株式の取得の影響（投資機会がないケース）

【前提事項】

①，③，④，⑤は図表1-11と同じ

②について，当企業には十分な収益が見込まれる新たな投資案件は
存在していないものとする

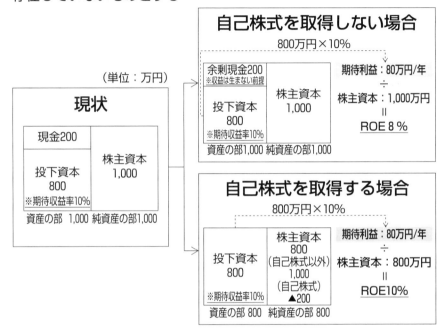

円を株主資本1,000万円で割った8％となる。

　自己株式を取得する場合，手許現金を使って自己株式を取得するため，余剰
資金である200万円は投資家にその時点で還元されることになる。計算内容は
基本ケースと同じであり，ROEは期待利益80万円を自己株式取得後の株主資
本800万円で割った10％となる。

　図表1-12のケースでは，自己株式を取得しない場合のROEである8％と比
較し，2％だけ自己株式の取得によってROEが向上することがわかる。

　このように，企業内に現状の投資資産からのリターンを上回るような投資機
会がない場合には，自己株式を取得し，余剰資金を投資家に分配することで，

ROEの向上を期待することができる。

なお，余剰資金の分配方法として自己株式の取得を行うことは，上記のとおり現行の会社法が想定する自己株式の取得の基本的な性格とも一致するものである。

また，いわゆる「投資家との対話」の一環で自己株式の取得を行うケースがある。例えば，「自社の現在の株価が割安だと判断している」というメッセージを市場に発するために自己株式の取得を発表する，というのがこのケースに該当する。ただし，効果を定量的に把握することは難しく，効果が得られたとしても直接的にROEが向上するわけではない。

一度自己株式を取得すると，当該自己株式をそのまま保有し続けるべきか，消却すべきか，またはしかるべきタイミングで処分（市場に再放出）すべきかが論点となる。しかしながら，理論上，これら3つの選択肢について「どれを選択すべき」というものはない。

従前，自己株式の取得は株主に対する資本の払戻しと位置づけられており，いわゆる資本維持の原則（会社に拠出された資本は実際に財産として維持されなければならないという原則）の観点から原則として禁止されていた。また，例外的に取得した場合であっても早期に処分することが求められていた。その後，平成13年の商法改正および平成18年の会社法施行を経て，自己株式の取得は全面的に解禁され，その保有期間にも制限は設けられないこととなった。つまり，一度取得した自己株式を継続的に保有しても何ら差し支えなく，自己株式を「半永久的に」保有することも可能になったのである。これは，法改正等に伴い，自己株式の取得が「分配可能額の範囲内でなされる，剰余金の配当と同一の性格を有するもの」であると整理されたことによる。

また，自己株式の処分は会社法上，新株発行と同一の性格を有するものと整理されている。すなわち，自己株式を処分することは，一度自己株式を消却して新株を発行することと同じ行為と考えることができる。

このように，自己株式を継続保有していることは，必ずしも将来において自己株式を処分することを意味せず，仮に消却したとしても新株発行を行うこと

で自己株式の処分と同じ効果が得られるため，取得した自己株式をいかに扱うべきか，という論点はあまり重要ではないのである。ただし，実際には自己株式を消却した企業に関して，「将来自己株式を処分することによる株式の希薄化懸念がなくなったため株価にプラスの効果が出た」といったニュースを目にすることがある。これは自己株式の取得時にも触れた「情報伝達効果」によるものと考えられる。すなわち，自己株式を消却することで，「近い将来自己株式の処分（または新株の発行）を予定していない」という経営者のメッセージが市場に伝わり，市場がその情報をポジティブに受け止めた結果と捉えることができるのである。なお，この効果が期待できるのは，そもそも投資家が当該企業に対して，「新株発行によって資金を調達しても，十分なリターンを得られる投資機会を有していない」という認識を持っている場合に限られる。この点は，ちょうど自己株式の取得の際と対になる考え方である。

　自己株式の活用について，ここまでの議論をまとめると**図表1-13**のように整理できる。

　企業内部に十分な投資機会がある場合には，それらの投資に資金を振り向けて企業価値を高めるべきであって，「自己株式を取得してROEを高める」というのは有効な方策ではない。財務レバレッジが高まることでROEが高まることはあるが，これは上述のとおり，支払利息の節税効果を除き，企業価値や株価が高まることを意味しない点には注意が必要である。なお，内部に十分な投資機会がある企業とは，事業拡大，新規事業展開，海外展開，M&A推進といった課題を抱えており，これらの課題を推進するために一定のリターンが期待できる投資を今後実行する企業が該当する。

　一方，企業内部に十分な投資機会がない場合で，かつ手許現預金を多く抱えている場合（余剰資金が存在している場合）には，余剰資金を投資家に還元することでROEを向上させることができる。さらに，余剰資金を還元することは，企業価値や株価の向上にもつながるといわれている。これは，余剰資金は十分なリターンを生まない形で使われてしまうおそれがあるという「フリー・キャッシュ・フロー仮説（Jensen, 1986）」に基づくものである。なお，企業内

【図表1-13】 自己株式の取得の影響（まとめ）

		企業の状況	
		十分な投資機会がある ケース	十分な投資機会がない ケース（かつ余剰資金が あるケース）
該当する企業群		一定の期待収益が見込ま れる何らかの投資機会が 存在する企業群（事業拡 大，新規事業展開，海外 展開，M&A推進といっ た課題を抱える企業等）	成熟企業で投資先が限ら れており，かつキャッ シュリッチな企業群（事 業拡大の余地が少なく， 高収益を維持する成熟企 業等）
自己株式の 取得の影響	ROE向上効果	× ※財務レバレッジが上昇 する場合には「○」	○
	理論上の企業 価値（株価） 向上効果	×	○

※ ここでは，負債増による節税効果および情報伝達効果は考慮しないものとし，自己株式
を取得しない場合，余剰資金は収益性の低い資産のまま保有されることを前提とする。

部に十分な投資機会がない企業とは，事業展開余地が限られている成熟企業や，
名目上，投資機会があるように見えていても，「潤沢な資金を使うこと」が目
的となっており，当該投資から十分なリターンが期待できない投資案件ばかり
を抱えている企業が該当する。

近年，上場企業各社は手許資金を高い水準で保有しており，投資家からは多
額の余剰資金を抱えていると見られることも多いことから，自己株式の取得が
一定の効果をもたらすケースは相当程度存在しているといえよう。

第2章

企業資産（非事業用資産）に関する外部環境の概況

　本章では，企業資産のマネジメントを考える上で，そもそも企業の保有する資産の構成（B/Sの構成）はどのように変化しているのかを前提条件として把握する。実際，企業の資産構成は変化しており，時代に即した資産保有の方針検討が必要である。

　また，企業の資産保有を考える上で影響があると思われるトピックとして，コーポレートガバナンス・コード，スチュワードシップ・コード，近年の税制改正および資産を持たない経営スタイルの台頭について触れる。

1 ┃ 保有資産の構成と余剰資産が企業業績に与える影響

(1)　保有資産の構成の推移

　本章では，企業の保有する資産を取り巻く外部環境を検証する。はじめに外部環境を検証する前提として企業の資産構成を把握した後，個別の影響要素について1つずつ整理する。

　企業の保有する資産の有効活用を考える上で，まずは企業が保有する資産の構成について概観する。財務省「法人企業統計」によると，2018年度，企業の保有する資産構成は，流動資産47.6%，有形固定資産30.0%，無形固定資産1.5%，投資その他の資産20.8%，繰延資産0.2%である（**図表2−1**）。これを時系列で

見てみると流動資産は54.3％から47.6％へと減少，有形固定資産は38.8％から30.0％へと減少，無形固定資産は1.0％から1.5％へと微増，投資その他の資産は5.7％から20.8％へと増加，繰延資産は0.2％から0.2％へと横ばいで推移している。参考として，それぞれの資産の中身についても構成比率を示す。流動資産については**図表2-2**に，有形固定資産については**図表2-3**に，無形固定資産については**図表2-4**に，投資その他の資産については**図表2-5**にその構成比率を示している。

【図表2-1】 資産構成

項　　　目	1994年度	2018年度	増減	
流動資産	54.3％	47.6％	↓	−6.7％
有形固定資産	38.8％	30.0％	↓	−8.8％
無形固定資産	1.0％	1.5％	↗	0.5％
投資その他の資産	5.7％	20.8％	↑	15.2％
繰延資産	0.2％	0.2％	→	−0.1％

【図表2-2】 流動資産構成

項　　　目	1994年度	2018年度	増減	
現預金	22.3％	28.7％	↑	6.3％
受取手形	9.1％	3.2％	↓	−5.8％
売掛金	27.4％	27.6％	→	0.2％
株式	3.1％	0.5％	↘	−2.7％
公社債	1.4％	0.6％	↘	−0.9％
その他有価証券	1.0％	1.2％	→	0.1％
製品又は商品	12.5％	9.0％	↘	−3.5％
仕掛品	7.2％	4.3％	↘	−2.9％
原材料・貯蔵品	2.5％	2.6％	→	0.1％
その他流動資産	13.4％	22.4％	↑	8.9％

【図表2-3】　有形固定資産構成

項　　目	1994年度	2018年度	増減	
土地	32.8%	39.3%	⬆	6.5%
建設仮勘定	3.9%	5.4%	⬈	1.5%
その他有形固定資産	63.3%	55.3%	⬇	−7.9%

【図表2-4】　無形固定資産構成

項　　目	2001年度	2018年度	増減	
無形固定資産（ソフトウェア除く）	64.1%	59.7%	⬊	−4.4%
ソフトウェア	35.9%	40.3%	⬈	4.4%

（注）　ソフトウェア勘定の集計が2001年度からのため，起算を同年度としている。

【図表2-5】　投資その他の資産構成

項　　目	1994年度	2018年度	増減	
土地	86.8%	90.7%	⬈	3.9%
建設仮勘定	5.7%	3.3%	⬊	−2.4%
その他有形固定資産	7.5%	6.0%	⬊	−1.5%

　企業の保有資産についての大きな流れとしては，当初保有割合として小さかった投資その他の資産が年々その比率を上げてきた。これは，日本企業が，企業買収や出資などを積極的に行うようになり，保有する株式が増加してきているからではないかと考えられる。数十年ほど前には，保有株式（投資その他の資産）が企業財務へ与える影響は小さかったものの，現在では無視できないほど影響がある項目になってきている。本章2，3にて，これらに影響を与える外部要因としてコーポレートガバナンス・コードおよびスチュワードシップ・コードについて触れ，第4章にてその活用を検討する。昔から企業経営において「不動産」というのは金額も大きくその活用いかんによっては経営を大きく左右する要因として考えられてきた。それに加えて，固定資産に占める割

合は年々増加しており，より不動産の活用が重要になってきていると考えられる。第5章にてその活用を検討する。無形固定資産については，割合こそ小さいものの，年々少しずつ増加傾向にあり，これからもその傾向が続くと考えられる。無形固定資産の中でも，戦略的な活用が考えられる知財およびソフトウェア資産（情報システム）について，それぞれ第6章，第7章にて活用を検討する。

(2) 統計からわかる企業の資金保有状況と最近の傾向

　本章では，企業の各種資産取得のために必要な現預金の活用について検討する前に，現在の企業の資金保有状況を把握する。企業は，常に成長を志向していくと仮定すると，利益を出したらそれをさらなる投資に回してさらなる成長を目指すと考えられる。一方で，幾度にわたる経済危機に瀕した経験から，もしもに備えてため込んでおこうとの考え方もある。では，世間的なイメージを考えてみたとき，近年の企業の内部留保が過去最大規模とのニュースを耳にする。それに対して内部留保に課税すべきとの政治的な声も上がっている。内部留保≠現預金ではあるが，これに賛成する人は，企業が現預金をため込んでいるとのイメージを持っていると考えられる。では実際，日本の企業は現預金をため込んでいるのだろうか。以下，資産活用を考える際の前提として，企業の現預金保有の現状を押さえる。その際，**図表2-6**で示している日本銀行「資金循環統計」の民間非金融法人の資金過不足状況が参考になる。**図表2-6**によると，年度内のフローで見た場合，大きく上下しているものの2007年度以降は概ね資金流出よりも資金流入が多いことがわかる。そのため，企業の資金余剰は増加傾向にあるといえる。

【図表2-6】　資金過不足（フロー）の推移

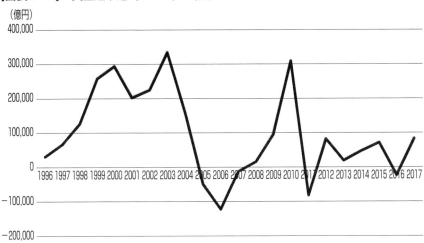

（出所）　日本銀行「資金循環統計」

(3)　余剰資産と企業業績との関係

　企業の資産保有が業績（連結損益計算書）に直接影響を与える場合を検証する。すなわち損益計算書に，プラスの要素あるいはマイナスの要素として現れるのはどのようなときかを考える。まず，プラスの要素は，資産を貸し出す・シェアすることで得られる使用料，株式からの配当や，持分法による投資収益が継続的に得られる収益として考えられる。また，一時的な収益として，資産を売却したときに得られる売却益や資産の評価益がある。収益とは異なるが，株式の取得により子会社化した場合の子会社損益計算書の取込みもある。一方で，マイナス要素としては，資産を維持するための手数料支払，償却性資産（建物やのれん（IFRS適用の場合は含まれない））の償却費，持分法による投資損失が継続的な損失として考えられる。また，一時的な損失として，資産を売却したときに発生する売却損や評価損，減損損失が考えられる。さらに，プラスの要素と同様，損失とは異なるが，株式の取得により子会社化した場合の子会社損益計算書の取込みもある。このように，資産の性質や持ち方により，企業

の業績（連結損益計算書）に影響がある。影響は，プラスとマイナス両方起こり得る点に留意が必要である。

　次に，各種経営指標に影響を与える場合を検証する。主に，資産取得・保有をすることで，上記のように連結損益計算書に影響があるだけではなく，貸借対照表への影響もある。よって，損益計算書だけで完結する経営指標以外にも，貸借対照表と損益計算書の両方を活用した経営指標に影響がある。特に，近年の潮流である資本効率性にまで拡張して考えると，余剰な資産を保有，あるいは有効活用できていない資産を保有している場合，効率性を表す指標に影響がある。第1章でも触れているように，伊藤レポートでは個々の経営指標が改善する中，日本経済を持続的に成長させるために企業レベルでの収益力や資本効率性の改善が急務であると指摘している。その際，具体的な数値目標としてROE8％が示され，大いに話題となった。ROEや資本効率といった言葉が出てきたが，資産の保有に関してどのような影響があるだろうか。まずは，第1章と同様にROEを下記のように分解する。

　　ROE＝当期純利益÷株主資本
　　　　＝（当期純利益÷売上高）×（売上高÷総資産）×（総資産÷株主資本）
　　　　＝売上高当期純利益率×総資産回転率×財務レバレッジ

　ROEを上げるということは，この3つの指標を上げることに他ならない。この中で資産保有が影響するのは，総資産回転率である。総資産回転率は，企業の総資産額が，1年に何回売上高という形で回転したのかを示す数値である。これが高いほど資産が効率的に売上に結びついていることを表す。そのため，高い利益率を出すことができたとしても，効率良く資産を活用できていなければROEが上がらないことになる。

　また，ROICについては，後述するガバナンス改革の中で資本コストを意識した経営という概念が説明されている。ここでの資本コストとは，負債コストと株主資本コストを加重平均した加重平均資本コスト（WACC）を指している。

多くの企業は，借入も含めて資金調達をするため，加重平均資本コストを用いて考えるとする（借入がなければ株主資本コスト＝加重平均資本コスト）。資本コストは，資金調達する際のコストを表しており，事業のリターンは最低限これを超えなければならない。WACCと対になる概念の事業リターンとしてROICを考える。ROICは下記のような式で表される。

$$ROIC = \frac{NOPLAT^1}{投下資本} = \frac{営業利益 \times (1 - 実効税率)}{固定資産 + 運転資本}$$

$$= \frac{営業利益 \times (1 - 実効税率)}{株主資本 + 有利子負債 + 非支配株主持分}$$

　２つ目の式が投下資本を資産ベースで考えた式，３つ目の式が投下資本を負債ベースで考えた式である。ROEと同様にさらに分解することができる。

$$ROIC = \frac{NOPLAT}{投下資本} = (1 - 実効税率) \times \frac{営業利益}{売上高} \times \frac{売上高}{投下資本}$$

　（１－実効税率）を定数と仮定すれば，営業利益率×投下資本回転率が変数として分解できる。資産の保有や活用が影響する変数は，投下資本と考えられる。投下資本は，その事業を行うための投資と考える。すなわち，不要な投資や効率の悪い投資を行えば，投下資本回転率が下がってしまう。考え方は総資産回転率に似ているが，総資産回転率は保有するすべての資産を対象としているが，投下資本回転率は事業のために使われた投資額のみを対象としている点に違いがある。ROEとROICともに，効率良く資産を活用できているかが数字となって現れる。不要な資産を保有している場合は，いくら売上高利益率が良くても指標が悪化する。近年，ROEやROICが求められるようになったため，

1　Net Operating Profit Less Adjusted Taxes：税引後営業利益

損益計算書だけではなく，貸借対照表にも注意して資産を活用する必要がある。

2 ▌日本経済と企業の保有資産

　日本経済の推移について，経済指標としてGDP（実質）を見ると（**図表2-7**），1994年以降，リーマンショックで一時的に落ち込むも，2018年度まで増加傾向にあることがわかる。そもそもGDP（国内総生産）とは，国内で一定期間に生産されたモノやサービスの付加価値の合計金額を指す。企業の業績の総計を表すわけではないが，2018年度まで企業の置かれている環境は良い状態にあることがわかる。

　一方で，リーマンショックのような経済危機が起こった際は，急に経済が落ち込んでしまうというのは，数字的にも，そして感覚的にもわかる話である（実際，COVID-19の影響で2019年度末から経済が落ち込み始めている）。そのため，企業はいつ経済の落ち込みが来てもよいように，体制を整備する，ため込むなど何かしらの対策を取っている。実際，会計上，売上高から各種費用を

【図表2-7】　実質GDPの推移

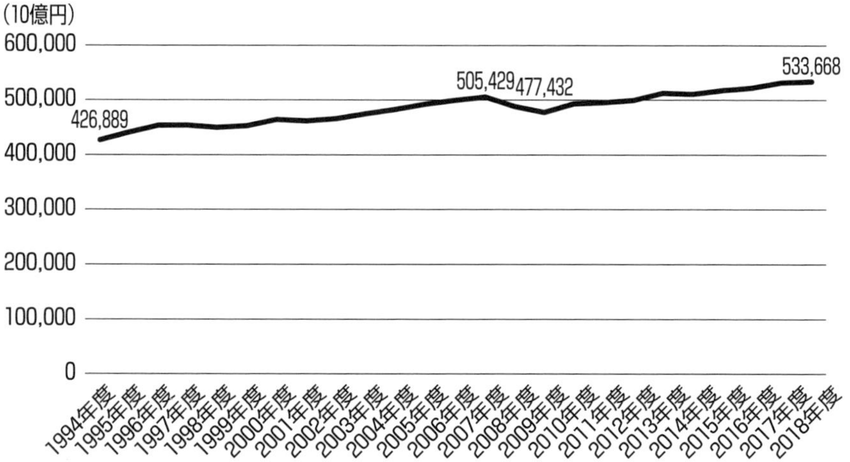

(10億円)

(出所)　内閣府「国民経済計算」

引いた税引後当期純利益をもとに，企業の利益剰余金が増加する。費用が同じ
とき，税率が低いほうが企業の内部にためる利益剰余金も多くなる。そのため，
企業を取り巻く環境として，利益にかかる税率（法人税率）について推移を見
てみる。そもそも法人の利益にかかる税金の税率は，下記のような式で計算さ
れる。

$$実効税率 = \frac{法人税率 \times (1 + 地方法人税率 + 住民税率) + 事業税率}{1 + 事業税率}$$

　このうち，インパクトの大きな法人税率の推移について，**図表2-8**を参照
する。

　時系列で見ると，法人税率は低下傾向にある。このように法人税率が低下傾
向にあるため，企業は稼いだ利益を利益剰余金としてため込みやすくなってい
る。減税により資金に余裕ができた企業は，新たな投資などに資金を回すこと
が期待されている（新たな投資や，新規サービスの開始などにより，企業の収

【図表2-8】　法人税率の推移

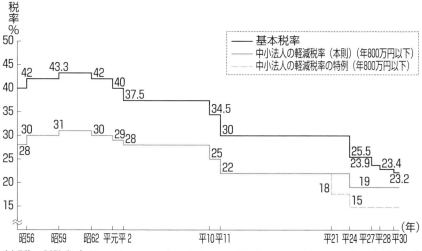

（出所）財務省（https://www.mof.go.jp/tax_policy/summary/corporation/c01.htm）

益は前よりも増加することが期待される。結果として税率が下がったとしても政府の税収は逆に増える。これを「法人税のパラドックス」と呼ぶ）。すなわち，法人税率が減少傾向にあるということは，企業は新たなサービスの開始や投資などがしやすい環境に向かっているといえる。実際，法人企業統計の自己資本比率の推移を見ても，増加傾向にあることがわかる（**図表2-9**）。

【図表2-9】　自己資本比率の推移

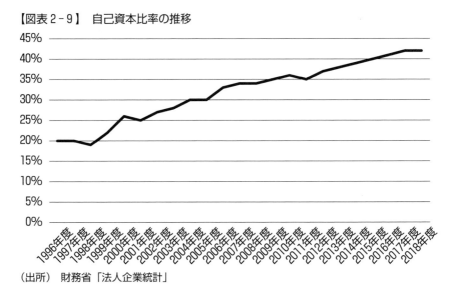

（出所）　財務省「法人企業統計」

　利益を蓄積しやすくなった結果，自己資本比率が増加し，企業の財務基盤が強化されている。ため込んだ利益は，投資などに回されているが，それを上回るペースで現預金が積み上がっているのではないかと考えられる。では，企業において総資産に占める現預金の比率は，どのように推移しているか。法人企業統計の総資産に占める現預金比率の推移を**図表2-10**に整理した。

　総資産における現預金比率は，リーマンショックで一時的に落ち込むも，2018年度まで増加傾向にある。一方で，蓄積した利益は現預金という形でバランスシートに計上されているが，必要な投資ができていないのではないかと考えられる。もちろん，直近，COVID-19の影響が出るまで経済が上向いていた

【図表2-10】　現預金比率の推移

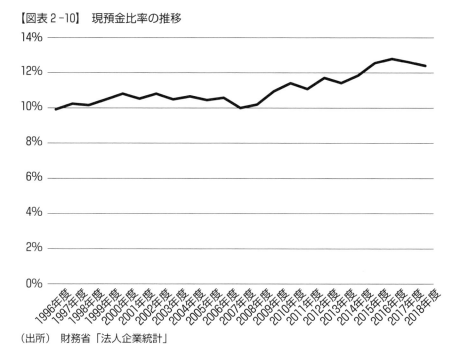

（出所）　財務省「法人企業統計」

ため，衰退期が訪れることを懸念し，現預金をためておこうという考えもあっ
たはずである。COVID-19の影響で経済が落ち込み始めた直後は資金繰りのた
めに現金が必要であるが，その後事業を立て直す，あるいは次の時代に則した
事業に変革する際にある程度の投資が必要となる。

　さらに踏み込んで考えると，そもそも取得した資産はそのまま持ち続けるの
が良いのだろうか。一般的に資産を取得する際には，入念な検証を行うことが
多いが，資産を売却するかの検証は，取得時に比べて劣後することが多い。資
産マネジメントとは，資産の取得時の検討だけではなく，資産の維持・売却に
まで基準を作り，都度検証することを指す。実際，1企業当たりの総資産は増
加傾向にある（**図表2-11**）。もちろん，企業の大規模化や資産が過去に比べて
高額になっているなど様々な要因が影響していると思われるが，取得した資産
を売却せずにいるという可能性も考えられる。

【図表 2-11】 1企業当たりの総資産

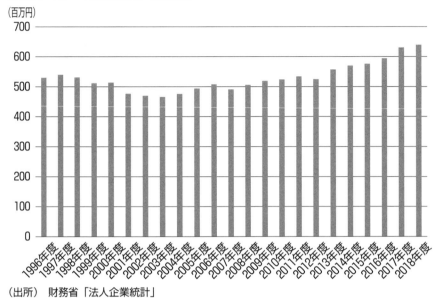

（出所） 財務省「法人企業統計」

3 ▍外部環境としてのコーポレートガバナンス・コード

(1) 日本におけるガバナンス改革の概要

　第2次安倍政権発足直後に発表された「デフレからの脱却」，「富の拡大」を目指した経済政策の総称「アベノミクス」。その柱として以下の3つの政策を発表した。第1の矢「大胆な金融政策」，第2の矢「機動的な財政政策」，第3の矢「民間投資を喚起する成長戦略」である。金融政策で市場に流通するお金の量を増やしデフレマインドを払拭し，財政政策で政府が率先して需要を創出することを目指している。しかし，第1の矢，第2の矢で生まれたデフレ脱却を一時的な機運としないために，企業に投資を喚起させ持続的な経済成長を実現していく必要がある。そこで2013年6月14日に公表された「日本再興戦略2013—JAPAN is BACK—」では企業の新陳代謝の仕組みとして民間企業を国

際競争に勝てる体質に変革するコーポレートガバナンスの見直しが挙げられている。翌年改訂された「『日本再興戦略』改訂2014─未来への挑戦─」では，具体的な施策の1つとして「コーポレートガバナンス・コード」の策定が盛り込まれた。これを受けて東証と金融庁が「コーポレートガバナンス・コードの策定に関する有識者会議」を実施し，2015年3月に「コーポレートガバナンス・コード原案〜会社の持続的な成長と中長期的な企業価値の向上のために〜」が確定，その後2015年6月1日から東証の有価証券上場規程の別添として適用された。

　また，「日本再興戦略」において「企業の持続的な成長を促す観点から，幅広い範囲の機関投資家が企業との建設的な対話を行い，適切に受託者責任を果たすための原則について，我が国の市場経済システムに関する経済財政諮問会議の議論も踏まえながら検討を進め，年内に取りまとめる」とされている。そこで，2013年8月に金融庁に「日本版スチュワードシップ・コードに関する有識者検討会」が設置され，2014年2月に「『責任ある機関投資家』の諸原則≪日本版スチュワードシップ・コード≫〜投資と対話を通じて企業の持続的成長を促すために〜」が確定した。

　両コードとも形式的な適用ではなく，本質的なガバナンス機能の向上に資するため，コーポレートガバナンスのさらなる充実は継続して重要な課題であると捉えられている。そこで，コーポレートガバナンス・コードおよびスチュワードシップ・コードの普及・定着状況をフォローアップするとともに，コーポレートガバナンスのさらなる充実のために議論・提言を行うことを目的として「スチュワードシップ・コード及びコーポレートガバナンス・コードのフォローアップ会議」が設置された。このようにして，形式的な制度として終始させることなく，実質的な取組みとして機能させるために，継続して議論が行われている。

⑵　コーポレートガバナンス・コードの目的や趣旨，背景

　⑴で記載したとおり，日本におけるコーポレートガバナンスをめぐる動きは，近年，大きく加速している。その中で，わが国の成長戦略の一環としてコーポレートガバナンス・コードが策定された。

　ここで使われている「コーポレートガバナンス」とは，「コーポレートガバナンス・コード原案」序文によると，「会社が，株主をはじめ顧客・従業員・地域社会等の立場を踏まえた上で，透明・公正かつ迅速・果断な意思決定を行うための仕組み」と定義されている。そのため，コーポレートガバナンス・コードにおける内容は，不正・不祥事予防といったリスク回避を中心とした守りのガバナンスに偏重しておらず，むしろ適切な意思決定やリスクテイクを促す攻めのガバナンスの2つが車の両輪のごとく重要である趣旨で作成されている。

　コーポレートガバナンス・コードでは，一定の規律を求める記載も一部あるが，それによって企業活動が制約されることを趣旨としていない。経営陣が結果責任を問われることを懸念し，過度なリスク回避傾向に陥ることこそが，企業の適切な意思決定の阻害要因と考える。規律により適切なガバナンスを求めることで，このような制約から経営陣を解放し，適切な意思決定ができるようになることを目的としている。

　また，制定後もフォローアップ会議を設け，コードの内容についてブラッシュアップするとともに，経済産業省にて「コーポレート・ガバナンス・システム研究会」を開催し，その報告書をコーポレートガバナンスのベストプラクティスという形でまとめ，日本企業のコーポレートガバナンスの向上を図っている。

⑶　コーポレートガバナンス・コードの概要

　コーポレートガバナンス・コードは，5つの基本原則，31の原則，42の補充

原則という3つの階層で構成されている。コーポレートガバナンス・"コード"となっているように，法律とは異なるコードとしての性質がある。実際，コーポレートガバナンス・コードでは，「プリンシプルベース・アプローチ」，「コンプライ・オア・エクスプレイン方式」が採用されている点が重要である。

「プリンシプルベース・アプローチ」とは，抽象的な原則や規範を示し，各社には原則や規範の目的や趣旨に沿って自ら考え，適切な行動を取ることを求めている。対になる概念として「ルールベース・アプローチ」では，各社が取るべき行動が詳細かつ具体的に規定される。例えば，各種法令や取引所規則の遵守事項が該当する。各社は規定された内容に合わせて統一的な行動が求められるため，制定側は規定の範囲内で目的を達成できる点がメリットとなる。一方で，形式的なルール遵守だけが行われると，そもそものルールの目的が達成されないことがデメリットである。また，ルール制定時に想定していなかった内容に柔軟に対応することも難しい。「プリンシプルベース・アプローチ」におけるメリット・デメリットは，「ルールベース・アプローチ」の逆を考えればよい。

コーポレートガバナンス・コードの話に戻ると，各原則を見たところで，直ちに何をすべきか具体的な行動がわかるわけではない。各社には各原則の趣旨に照らして，自社にとっての合理的な判断・行動が何かを考えることが求められている。これは，コーポレートガバナンス・コードへの対応を形式的に済ませるのではなく，本質的なガバナンス向上に資するために活用すべしといったメッセージであるとも考えられる。

「コンプライ・オア・エクスプレイン方式」とは，各原則に対して，「原則を実施するか，実施しない場合には，その理由を説明するか」といった手段の選択が実施者に委ねられる手法である。「コード」とあるようにコーポレートガバナンス・コードは，法令と異なりすべてを実施しなければならないといった法的拘束力を有する規範ではない。各社の状況に照らした結果，原則を実施することが適当ではないと判断することもある。その場合は，当該原則を実施しない理由を十分に説明することが求められている。

2018年6月に公表された改訂コーポレートガバナンス・コードでは，以下の5つの基本原則が定められている。

① 株主の権利・平等性の確保
② 株主以外のステークホルダーとの適切な協働
③ 適切な情報開示と透明性の確保
④ 取締役会等の責務
⑤ 株主との対話

以下で簡単に内容をまとめる。

① 基本原則1：株主の権利・平等性の確保

> 上場会社は，株主の権利が実質的に確保されるよう適切な対応を行うとともに，株主がその権利を適切に行使することができる環境の整備を行うべきである。
> また，上場会社は，株主の実質的な平等性を確保すべきである。
> 少数株主や外国人株主については，株主の権利の実質的な確保，権利行使に係る環境や実質的な平等性の確保に課題や懸念が生じやすい面があることから，十分に配慮を行うべきである。

基本原則1では，抽象的に株主の権利・平等性の確保について求める記載となっており，原則1-1から1-7で具体的に何をすべきかが記載されている。その内容は，議決権を通じた株主の平等確保，株主の利益に影響のある政策についての言及である。

原則1-1と1-2において，株主の権利である議決権行使などが適切に取り扱われるような環境整備を求めている。原則1-3から1-7では，基本となる資本政策についての方針を説明させ（1-3），政策保有株式（1-4），買収防衛策（1-5），特に株主の利益を害する可能性のある資本政策，例えば増資やMBOなど（1-6），関連当事者取引（1-7）について個別に説明を求めている。

②　基本原則２：株主以外のステークホルダーとの適切な協働

> 　上場会社は，会社の持続的な成長と中長期的な企業価値の創出は，従業員，顧客，取引先，債権者，地域社会をはじめとする様々なステークホルダーによるリソースの提供や貢献の結果であることを十分に認識し，これらのステークホルダーとの適切な協働に努めるべきである。
>
> 　取締役会・経営陣は，これらのステークホルダーの権利・立場や健全な事業活動倫理を尊重する企業文化・風土の醸成に向けてリーダーシップを発揮すべきである。

　基本原則１で株主の権利確保について定め，基本原則２で株主以外のステークホルダーとの適切な協働を促すため，その方針などの説明を求めている。その内容は，会社経営の根幹である理念や行動準則，ESGに関連した内容への取組みで構成されている。

　原則２-１と２-２では，経営理念（２-１）および行動準則（２-２）についての説明を求めている。ESGに関連した内容として，社会・環境問題などのサステナビリティーに関する課題対応（２-３），女性活躍などの多様性確保（２-４），コーポレートガバナンスの実効性を確保する施策として内部通報制度（２-５），従業員の安定的な資産形成などを支える企業年金について，アセットオーナーとしての機能発揮（２-６）について個別に説明を求めている。

③　基本原則３：適切な情報開示と透明性の確保

> 　上場会社は，会社の財政状態・経営成績等の財務情報や，経営戦略・経営課題，リスクやガバナンスに係る情報等の非財務情報について，法令に基づく開示を適切に行うとともに，法令に基づく開示以外の情報提供にも主体的に取り組むべきである。
>
> 　その際，取締役会は，開示・提供される情報が株主との間で建設的な対話を行う上での基盤となることも踏まえ，そうした情報（とりわけ非財務情報）が，正確で利用者にとって分かりやすく，情報として有用性の高いものとなるようにすべきである。

　株主が適切な権利行使を行うためには，企業からの情報開示が不可欠である。

その開示内容として財務情報だけではなく，近年重要性が指摘されている非財務情報も必要である。また，開示情報の正確性の担保を担っている会計監査人についての方針まで説明が求められている。

　原則3－1では，情報開示の充実について，特に非財務情報の経営戦略や，コーポレートガバナンスに関する基本的な方針，指名・報酬決定の方針や手続について対象となっている。原則3－2では，会計監査人に対して，取締役会や監査役会が実施すべき対応が対象となっている。

④　基本原則4：取締役会等の責務

> 　上場会社の取締役会は，株主に対する受託者責任・説明責任を踏まえ，会社の持続的成長と中長期的な企業価値の向上を促し，収益力・資本効率等の改善を図るべく，
> 　(1)　企業戦略等の大きな方向性を示すこと
> 　(2)　経営陣幹部による適切なリスクテイクを支える環境整備を行うこと
> 　(3)　独立した客観的な立場から，経営陣（執行役及びいわゆる執行役員を含む）・取締役に対する実効性の高い監督を行うこと
> をはじめとする役割・責務を適切に果たすべきである。
> 　こうした役割・責務は，監査役会設置会社（その役割・責務の一部は監査役及び監査役会が担うこととなる），指名委員会等設置会社，監査等委員会設置会社など，いずれの機関設計を採用する場合にも，等しく適切に果たされるべきである。

　基本原則4では，意思決定過程の合理性を担保することに寄与すると考えられる内容が含まれている。その背景としては，取締役などの経営陣の意思決定の内容によっては，会社に損害を与える結果となることもある。その際に損害賠償責任を負うか否かの判断要素として意思決定過程の合理性が重要となる。また，意思決定過程の整備により，透明・公正かつ迅速・果断な意思決定を促す効果が期待されている。基本原則4の構成として，取締役会，監査役（会），社外取締役の役割・責務や，意思決定過程を有効なものとするための仕組みや前提などの記載が求められている。

　原則 4 － 1 ～ 4 － 7 までは，取締役会，監査役（会），社外取締役に求められる役割・責務についていくつかの原則，補充原則が挙げられている。原則 4 － 8 からは，意思決定過程の有効性を担保する仕組みを挙げている。原則 4 － 8 では，コーポレートガバナンス・コード発表時に話題になった社外取締役の有効な活用（独立社外取締役を 2 名以上選任すべき）が記載されている。原則 4 － 9 では，東証の規則で定められた独立社外取締役の独立性基準を踏まえて，会社独自で独立性（判断）基準を策定し，開示するように求めている。原則 4 － 10では，指名・報酬などをはじめとした任意の諮問委員会などの活用が推奨されている。原則 4 － 11では，取締役会や監査役会の実効性を確保するために個々人の能力がバランス良く備えられていることを求めている。仮に社外取締役・社外監査役が他社と兼務する場合，その兼任状況の開示が必要である。原則 4 － 12～ 4 － 14で，取締役会において議論を活性化させる仕組み作りや，その前準備として，取締役や監査役への情報の提供や，必要な知識などの習得のためのトレーニングについて，適切に実施することが求められている。

⑤　基本原則 5 ：株主との対話

> 　上場会社は，その持続的な成長と中長期的な企業価値の向上に資するため，株主総会の場以外においても，株主との間で建設的な対話を行うべきである。
> 　経営陣幹部・取締役（社外取締役を含む）は，こうした対話を通じて株主の声に耳を傾け，その関心・懸念に正当な関心を払うとともに，自らの経営方針を株主に分かりやすい形で明確に説明しその理解を得る努力を行い，株主を含むステークホルダーの立場に関するバランスのとれた理解と，そうした理解を踏まえた適切な対応に努めるべきである。

　スチュワードシップ・コード策定を受けて，機関投資家には，目的を持った対話（エンゲージメント）が求められている。その裏返しで，上場企業にとっても株主を含めたステークホルダーとの積極的な対話が必要となってきている。経営陣は，普段から株主と対話を行い，経営戦略などを理解してもらい，懸念点等があれば適切に対応すべきとしている。

具体的に求められていることとして，原則5-1で建設的な対話を促進するための体制作りやその取組みについて開示することが求められている。原則5-2では，対話の内容として，経営戦略や経営計画の策定および公表が求められている。その内容は，資本コストを意識し，ポートフォリオ管理をするなど株主にわかりやすい形で作成すべきとされている。

(4)　企業の資産保有に与える影響

本書の目的である「企業資産のマネジメント」にフォーカスして考えた際，特に影響すると考えられる項目は，主に「政策保有株式」と考えられる。

政策保有株式については，【原則1-4．政策保有株式】で規定されている。以下が原則1-4の内容と付随する補充原則2つの内容である。

【原則1-4．政策保有株式】

> 　上場会社が政策保有株式として上場株式を保有する場合には，政策保有株式の縮減に関する方針・考え方など，政策保有に関する方針を開示すべきである。また，毎年，取締役会で，個別の政策保有株式について，保有目的が適切か，保有に伴う便益やリスクが資本コストに見合っているか等を具体的に精査し，保有の適否を検証するとともに，そうした検証の内容について開示すべきである。
> 　上場会社は，政策保有株式に係る議決権の行使について，適切な対応を確保するための具体的な基準を策定・開示し，その基準に沿った対応を行うべきである。

【補充原則1-4①】

> 　上場会社は，自社の株式を政策保有株式として保有している会社（政策保有株主）からその株式の売却等の意向が示された場合には，取引の縮減を示唆することなどにより，売却等を妨げるべきではない。

【補充原則1-4②】

> 　上場会社は，政策保有株主との間で，取引の経済合理性を十分に検証しないまま取引を継続するなど，会社や株主共同の利益を害するような取引を行うべきではない。

　原則1-4では，政策保有株式の縮減を基本とし，保有継続する場合は，その理由について検討・開示が求められている。また，議決権の行使にも具体的な基準を設けることなどが求められている。

　元来，日本では，相互に株式を持ち合うことで，企業間の連携を強化，安定株主確保による経営の安定化や敵対的買収の回避などを図ることが多かった。しかし，昨今のガバナンス改革の目的である稼ぐ力の達成に必要な，株主による適切なけん制や効率的な経営といった観点から考えると，株式持ち合いをはじめとした政策保有株式は稼ぐ力獲得の阻害要因の1つとも考えられる。安定株主がいることで経営が安定するといった反面，株主からのけん制が働きにくくなり，真に企業価値向上のための経営ではなく，現役員のための経営が実施される懸念がある。リターンを考慮せずに保有する場合，さらにリターンの高い投資に充てられず，適切な資源配分ができていない状況になっている。そのため，コーポレートガバナンス・コードを踏まえて，政策保有株式を真に保有するべきかの検討が求められている。

4 ┃外部環境としてのスチュワードシップ・コード

⑴　スチュワードシップ・コードの目的や趣旨，背景

　「日本再興戦略」において「企業の持続的な成長を促す観点から，幅広い範囲の機関投資家が企業との建設的な対話を行い，適切に受託者責任を果たすための原則」について取りまとめることが閣議決定されたことを受けて，スチュ

ワードシップ・コードが取りまとめられた。

スチュワードシップ・コードにおいて求められている「スチュワードシップ責任」とは，機関投資家が，「目的を持った対話」（エンゲージメント）などを通じ，投資先企業の企業価値向上や持続的成長を促し，顧客や受益者にとっての中長期的な投資リターンの拡大を図る責任を指す。スチュワードシップ責任を果たすための機関投資家の活動は，単に議決権行使のみを指すわけではなく，投資先企業の状況を適切に把握し，目的を持った対話（エンゲージメント）を行うことなどを含む点に注意が必要である。

その背景としては，①持ち合い解消などによる機関投資家株主の比率増加，②投資家の短期志向（ショートターミズム），③日本企業の長期的な低迷などが考えられる。その解決策の1つとして，企業と機関投資家との対話が重要とされている。

①については，金融機関や事業会社間の株式持ち合いが減少する中，相対的に機関投資家の影響力は大きなものとなる。そのため，企業は機関投資家との良好な関係構築が求められる。②については，近年投資家の短期志向が進んでおり，企業の長期的な施策が株価に反映されなくなってきているとの問題がある。企業は投資家に対して，中長期的な成長は双方に利益をもたらすことができるとの共通認識を醸成させる必要がある。③については，日本企業の長期的な低迷の原因の1つとして，資本効率や長期的な視点に基づいた経営の欠如があると言われている。日本企業は，資本効率などの必要性を意識していかなければならず，投資家との対話を通して，強く意識していくことが求められている。

スチュワードシップ・コードにおいて責任が課されているのは機関投資家であるが，あくまで「対話」がベースとなっており，一方向からのコミュニケーションではないことに注意が必要である。すなわち，企業としても，今以上に機関投資家に対して自発的に働きかけていかなければならない。

⑵　スチュワードシップ・コードの概要

　スチュワードシップ・コードとは，機関投資家が「責任ある機関投資家」として「スチュワードシップ責任」を果たすために有益な諸原則をまとめたものである。適用対象は，スチュワードシップ・コード前文によると「本コードの対象とする機関投資家は，基本的に，日本の上場株式に投資する機関投資家を念頭に置いている。また，本コードは，機関投資家から業務の委託を受ける議決権行使助言会社等に対してもあてはまるものである」とある。ただし，対象となっている機関投資家に一律に強制適用するものではない。その理由としては，投資期間を短期に設定している機関投資家や，小規模な機関投資家に強制適用することは適切ではないと考えるからである。

　スチュワードシップ・コードでは具体的に，機関投資家に対して下記7つの原則を提示している（2019年5月29日改訂版）。これに対して，機関投資家はスチュワードシップ・コードを受け入れる場合，その意向を表明し，ウェブサイトなどに各原則に基づく項目の公表が求められている。

1．機関投資家は，スチュワードシップ責任を果たすための明確な方針を策定し，これを公表すべきである。
2．機関投資家は，スチュワードシップ責任を果たす上で管理すべき利益相反について，明確な方針を策定し，これを公表すべきである。
3．機関投資家は，投資先企業の持続的成長に向けてスチュワードシップ責任を適切に果たすため，当該企業の状況を的確に把握すべきである。
4．機関投資家は，投資先企業との建設的な「目的を持った対話」を通じて，投資先企業と認識の共有を図るとともに，問題の改善に努めるべきである。
5．機関投資家は，議決権の行使と行使結果の公表について明確な方針を持つとともに，議決権行使の方針については，単に形式的な判断基準にとどまるのではなく，投資先企業の持続的成長に資するものとなるよう工夫すべきである。
6．機関投資家は，議決権の行使も含め，スチュワードシップ責任をどのように果たしているのかについて，原則として，顧客・受益者に対して定期的に報告を行うべきである。

> 7．機関投資家は，投資先企業の持続的成長に資するよう，投資先企業やその事業環境等に関する深い理解に基づき，当該企業との対話やスチュワードシップ活動に伴う判断を適切に行うための実力を備えるべきである。

(3) 企業の資産保有に与える影響

　スチュワードシップ・コードが直接的に企業の資産保有に影響を与えることは考えにくい。一方で，企業と機関投資家との建設的な対話といった観点で考えると，機関投資家は企業と目的を持った対話をすることが求められており，企業は機関投資家に対して適切な説明責任を果たさなければならない。ガバナンスを利かせる他律の観点から，むしろ今まで以上に積極的に機関投資家などと対話をしていかなければならない。

　特に，投資やその結果としての資産保有については，ROAやROICといった数値的な成果だけではなく，企業側は個別の資産の活用について説明できる状態にしておかなければならない。逆に機関投資家側も，企業が開示する各原則や経営指標に対して形式的に判断するだけではなく，企業がどう解釈し，自社の置かれた環境に応じてどのようにコンプライ・オア・エクスプレインしているのかまで踏まえて把握および評価することが望ましい。

　コーポレートガバナンス・コードとスチュワードシップ・コードは車の両輪に喩えられるように，企業内における「自律」と機関投資家からの「他律」がなければ企業をめぐるガバナンス改革は形骸化してしまう。そのための対話の材料として，投資および資産の活用があると思われる。そのためには，なぜこの資産を保有しているのか，有効な活用ができているのかを説明できるように，社内で改めて検討が必要ではないかと考えられる。

5 ┃ 外部環境としての税制改正

(1) 税制改正の動向

　取り上げられる項目自体は毎年変わるものの，特定の項目に対して投資の促進を図る施策（併せて，大企業の内部留保の活用を促す目的もあると思われる）が実施される。2020年度の税制改正においては，オープンイノベーション促進税制の新設（令和2年度税制改正）が行われた。また，2019年度の税制改正では，研究開発費税制が拡充された。資金に余裕がある企業にとって，毎年の税制改正の動向に着目することは，企業の資産取得を考える際に有益である。

(2) オープンイノベーション促進税制

　オープンイノベーション促進税制により，ベンチャーなどが持つ大企業にない技術やビジネスモデルへ投資し，イノベーションの促進を図ることができる。併せて，大企業が蓄積した内部留保の活用が促進されることも期待されている。オープンイノベーション促進税制が作られる前まで，研究開発税制（(3)参照）としてオープンイノベーションを促進する税制優遇措置自体は存在した。研究開発費用に一定の控除率を乗じた額を法人税から控除する制度であったが，今回はイノベーションを担うベンチャーへの出資について，一定の所得控除を受けられる制度となっている。適用対象は，国内事業会社と，国内事業会社によるCVC（コーポレートベンチャーキャピタル）としている。
　適用要件は下記のように整理できる。

　青色申告書を提出する法人で特定事業活動を行うものが，
- 令和2年4月1日から令和4年3月31日までの間に，特定株式を取得する
- 取得した日を含む事業年度末まで特定株式を保有する
- 特定株式の取得価額の25％以下の金額を特別勘定の金額として経理する

上記要件を満たした場合の優遇措置として下記2点がある。

- 経理した金額の合計額を損金算入できる
- 特別勘定の取崩し事由（下記8項目）に該当することとなった場合には，その事由に応じた金額を取り崩し，益金算入する。ただし，特定株式の取得から5年を経過している場合を除く。

  〔特別勘定の取崩し事由〕
  ① 特定株式につき経済産業大臣の証明が取り消された場合
  ② 特定株式の全部または一部を有しなくなった場合
  ③ 特定株式につき配当を受けた場合
  ④ 特定株式の帳簿価額を減額した場合
  ⑤ 特定株式を組合財産とする投資事業有限責任組合等の出資額割合の変更があった場合
  ⑥ 特定株式に係る特別新事業開拓事業者が解散した場合
  ⑦ 対象法人が解散した場合
  ⑧ 特別勘定の金額を任意に取り崩した場合

「特定事業活動を行うもの」とは，自らの経営資源以外の経営資源を活用し，高い生産性が見込まれる事業を行うこと，または新たな事業の開拓を行うことを目指す株式会社等をいう。

「特定株式」とは，産業競争力強化法の新事業開拓事業者のうち同法の特定事業活動に資する事業を行う内国法人（すでに事業を開始しているもので，設立後10年未満のものに限る）またはこれに類する外国法人の株式のうち，次の要件を満たすことにつき経済産業大臣の証明があるものをいう。

(ⅰ) 対象法人が取得するもの，またはその対象法人が出資額割合50％超の唯一の有限責任組合員である投資事業有限責任組合の組合財産等となるものであること

(ⅱ)　資本金の増加に伴う払込みにより交付されるものであること

(ⅲ)　その払込金額が1億円以上（中小企業者にあっては1,000万円以上とし，外国法人への払込みにあっては5億円以上とする）であること。ただし，対象となる払込みに上限を設ける

(ⅳ)　対象法人が特別新事業開拓事業者の株式の取得等をする一定の事業活動を行う場合であって，その特別新事業開拓事業者の経営資源が，その一定の事業活動における高い生産性が見込まれる事業を行うこと，または新たな事業の開拓を行うことに資するものであることその他の基準を満たすこと

(3)　研究開発税制

研究開発税制とは，企業が支出する研究開発費に一定割合を乗じた金額を法人税から控除する仕組みである。中長期の産業力強化に必要な研究開発費（研究開発リスク）の一部を国が負担する。特徴としては，研究開発の分野を特定分野に絞らず，広く対象としている。これは，どの分野からイノベーションが発生するかわからないからである。優遇措置として，大きく下記の3種類が存在する。

①　総額型/中小企業技術基盤強化税制

試験研究費の総額の一定割合を法人税から控除できる措置である。令和2年度末までは控除率が，総額型（対象は中小企業等以外）で6～14％（恒久措置は10％），中小企業技術基盤強化税制（対象は中小企業等）で12～17％（恒久措置は12％）となっている。ただし，上限金額は恒久措置として法人税額の25％（ベンチャー企業は法人税額の40％相当額）となっている。

②　控除上限の上乗せ

①の控除額に加えて，平均売上金額に占める試験研究費の割合が10％を超え

る場合，控除率および控除額を上乗せする（令和2年度末まで）。

③　オープンイノベーション型

　共同研究の費用や共同研究相手へ支払う委託費用および中小企業者へ支払う知的財産権の使用料について，当該企業が支払う特別試験研究費に一定割合を乗じた額を法人税から控除できる仕組みである。ただし，この仕組みを利用した特別試験研究費は上記①を活用するための試験研究費に計上することはできない。控除の上限額は，法人税額の10％相当額としている。この仕組みを利用するためには，契約書等に一定の事項の記載と相手方による認定・確認の手続が必要になる点に留意が必要である。控除率は，共同研究費や委託費について，共同研究相手に応じて20～30％，中小企業者へ支払う知的財産権の使用料について20％となっている。

　ただし，大企業に対して，研究開発税制の適用要件が課されており，さらに令和2年度税制改正においてその要件適用の厳格化が図られる予定である。厳格化の目的として，収益が拡大しているにもかかわらず，設備投資などへの投資が積極的ではない企業に対して，キャッシュ・アウトを促すためとされている。下記を満たす場合，大企業は研究開発税制を適用することができない。

　(i)　当該大企業の所得金額が前事業年度の所得金額を上回る

　(ii)　当該大企業の平均給与等支給額が，前事業年度以下である

　(iii)　当該大企業の国内設備投資額が，当期の減価償却費の総額の3割以下に留まる

　当該適用要件に関しては，研究開発税制以外にも他の租税特別措置も対象としており，単純に投資等を優遇するだけではなく，大企業に対しては，収益に応じたキャッシュ・アウトが求められている。

6 ┃ 資産を持たない経営の新しい形

(1)　従前からの資産を持たない経営

　従前より多くの場面で活用されてきた資産を持たない方法として，フランチャイズとファブレスがある。両者とも事業に必要な資産を持たないことで，資産の取得や維持に必要な固定費の支払がなく，売上原価のほとんどを変動費にすることができる。そのため，売上の減少に対しても，固定費が少ない分，赤字になりにくいといったメリットがある。また，当該資産の資産計上がないため，総資産も小さくなりROAやROICも低く抑えることができる。一方で，一部機能を保有していないため，例えばフランチャイズでは顧客接点から得られる情報，ファブレスでは製造ノウハウが自社に溜まらないといったデメリットがある。そのため，資産を持たない経営では，自社に強みがある領域・機能以外をアウトソースすることで，強みがある領域・機能に資源配分するといった目的を持って経営することが必要といわれている。

(2)　(1)以外での資産を持たない経営（サブスクリプションサービス）

　サブスクリプションサービスとは，ユーザーがモノの利用権を借りて，利用した期間に応じて利用料を支払うサービスである。そのため，モノを買い取って利用する形態とは，サービスの提供形態が異なっている。サービスは，B to C，B to Bともに存在し，B to Cでは，動画配信サービスや音楽配信サービスなどが近年広まりつつある。B to Bでも同様に，ソフトウェア，シェアオフィス，オフィス家具の利用など，そのサービスは多岐にわたる。メリットは，初期費用が安い，自社に合わなかったら解約等でサービスを変えることができる，資産化されず費用処理できる（固定資産としての管理が不要）などが考えられる。一方で，利用が長期間になる場合，購入したほうが安く済む場合もある，サービス提供会社がサービスを廃止すると利用できなくなるなどのデメリットがあ

る。サブスクリプションサービス自体，企業経営のあらゆる場面で使われていると思われるが，改めて資産の取得を考える際に，選択肢の1つとして検討してみるとよいと思われる。

(3) (1)以外での資産を持たない経営（シェアリングエコノミーサービス）

　シェアリングエコノミーとは，インターネット上のプラットフォームを介して，場所・モノ・スキルを貸し借り・交換することでシェアする新しい経済の仕組みである。現時点では，個人間（C to C）取引を対象とするサービスが多数を占めると思われる。例えば，車などの移動手段，洋服，場所などのシェアサービスが挙げられる。さらに，企業がこのモデル上に加わる（供給者側に含まれない純粋なプラットフォーマーを除く）サービスも見られる。その場合，供給者側として加わるケースと需要者側として加わるケースの2種類が考えられる。具体的にいくつかのサービスを紹介する。市場としてまだまだ立ち上がったばかりであるため，今後も様々なサービスが生まれてくることが予想される。資産の取得あるいは活用を検討する際の新たな選択肢として動向を注視し，自社に必要と思われるサービスを活用していくのがよいと思われる。

① ラクスル

　テレビCMでもおなじみのチラシ，パンフレット，名刺，ポスターなどを低価格で印刷できるサービスを提供しているプラットフォーマーである。彼ら自身が印刷設備を保有し印刷しているのではなく，印刷設備を持つ印刷会社の非稼働時間と，印刷を頼みたい利用者のマッチングをしているプラットフォーマーである。印刷業は，大きな印刷設備を保有していることから，設備が稼働しなければ大きく損することになる。そこで非稼働時間の設備をシェアするといったニーズが発生している。

②　スペースマーケット

　遊休スペースや会議室などをシェアするサービスを提供しているプラットフォーマーである。スペースが余っている供給者と，様々な目的に応じた場所を探している需要者をマッチングしている。貸会議室との大きな違いは，貸し手がバラエティに富むため，様々な場所を借りることができる点である。そのため，普段とは違う場所を使いたい，普段とは違う目的（オフサイトミーティングなど）で使いたいなどのニーズに合致していると考えられる。

③　シェアリングファクトリー

　製造業企業間シェアリングサービスのプラットフォーマーであり，設備の稼働率が低い，もしくは遊休となっている機器を2つの手法で有効活用できる。1つ目は，設備・計測器を企業間で貸し借りする。2つ目は遊休資産を企業間で直接売買する。これにより設備の稼働を高める，あるいは設備を持たずに生産できるといったニーズに応えることができる。

第3章

現金マネジメントの
ポイント

　本章では，現金のマネジメントのポイントについて説明する。企業資産のマネジメントを考える上で，現金のマネジメントは最も重要な項目の1つである。なぜならば，次章以降で現金以外の各種の資産を効率的に活用する方法を検討するが，それらを実践した成果は，最終的には現金の形で企業に還元されるからである。したがって，現金のマネジメントがうまくできなければ，他の資産を効率的に活用できたとしても，結局は株主価値の向上にはつながらず，取組みの意義がなくなってしまう。

　以下では，現金マネジメントの特徴，基本的な考え方およびポイントを述べたうえで，適切な現金水準と余剰現金の定義を検討する。そのうえで，現金マネジメントを検討するための枠組みを提示する。

1 ┃ 概　　要

(1)　現金マネジメントの特徴

　余剰現金のマネジメントは，活用・株主還元などの選択肢が無数に考えられるため，最適な選択肢の評価が難しいという点で，他の余剰資産のマネジメントとは根本的に異なる。

　例えば余剰な不動産を保有している場合，それがオフィスビルであるにせよ

工場用地であるにせよ，すでに「不動産」という特定のモノが存在している以上，その活用の選択肢は少なからず限定される。新規事業や増産のために自社で活用する，他の設備に転用する，他社に貸し出して賃貸収入を得る，売却する，など比較可能な選択肢に絞られる上，土地や建物の特性上，上記のさらに一部の選択肢しかとり得ないかもしれない。また，「どの選択肢において期待キャッシュ・フローが最大になるか」が基本的な価値基準になるため，とるべき選択肢の判断も決して難しくはない。既存の資産の活用方法を考える際には，本来であれば考慮すべきであるその資産を獲得するための投資は，すでにサンクコストとみなすことができる。したがって，意思決定の方法は比較的シンプルである。

　一方で，現金の活用方法を考える際の選択肢はほぼ無限といってもよいだろう。そもそも，現金の場合は「投資すべきか，保有すべきか，還元すべきか」という選択肢が存在する。また，投資するにしても，新たな工場や土地などの実物資産に投資するのか，人に投資するのか，研究開発に充てるのか，等々とり得る選択肢は非常に多い。これら個々の選択肢は目的も時間軸も異なるため，いわゆる「十把一絡げ」の判断基準を設けることは難しい。

　このような状況の中，効果的な現金のマネジメントを行うためには，検討のためのしっかりとした枠組みを持つことが重要である。現金の使途を考えるにあたって，勘案すべき要素とその順序をはっきりとさせておけば迷子にならずに済む。

(2)　現金マネジメントの基本的な考え方

　余剰現金のマネジメントに関する実務的なフレームワークについて，筆者が知る限りでは広く一般に普及しているものはないが，本書ではあくまで「企業価値を最大化する」という目的を至上命題とした枠組みを提案する。

　現金マネジメントに際して，本書で提示する基本的なスタンスは「明らかに余剰な現金は持たない」ということである。「余剰な現金」の定義は後述するが，

簡潔に言うと「事業のリスクと，将来計画している投資に必要な金額を考慮してもなお余る，価値を生む見込みのない資金」である。第1章でも触れたように，企業が保有する資産にはあまねく資本コストと呼ばれる機会費用がかかる。投資家からすれば，明らかに余剰な，すなわち合理的な活用の目処なく単に寝かされている資金があるのであれば，それらを還元してもらって別の投資に割り当てるほうが合理的である。したがって，企業の視点では，まず事業の特性や足下および将来の戦略実行に必要な投資資金から現金の適切な保有水準を見積り，それを大きく超える分は自社株買いか配当等で投資家に適宜還元するというのが基本的なスタンスになる。

　なお，「適切な現金保有水準」というのは，何かしらの方程式を解けば一意に定まるものではない点には留意いただきたい。「一意の答えがない」というのは，現金の保有水準を考えるための前提となる，企業が考える戦略およびそれに対する投資金額とリターンに関する期待は投資家によって異なり，一意に定まらないからである。したがって，現金のマネジメントは，企業がそれぞれ主体的に，合理的と考える方法で立てた資金計画をもって株主と対話することを繰り返して行うべきである。重要なことは，企業の戦略や事業計画，事業上のリスクなどをもとに，一定の枠組みのもとで自社に必要な資金額を見積り，それらを投資家にわかりやすく開示し，対話を行うことである。

(3)　現金マネジメントのポイント

　現金のマネジメントを実践するにあたって重要なポイントは，次の3点である。第1に，自社にとって適切な現金の保有水準を定義することである。企業が保有すべき現預金の水準は，企業のビジネスモデルや企業を取り巻く外部環境，また企業の成長ステージ，戦略などによって変化する。これらの要素を勘案した上で，自社にとって最適な自己資金の水準を設定することが，現金マネジメントの出発点となる。第2に，最適な現金の保有水準を設定した上で，それらの現金の調達方法や，その結果としての資本構成を考えることである。第

3に，第1・第2のポイントを踏まえ，最適な現金水準の決定や，その実現の
ための株主還元や資金調達などの財務活動については，財務担当者だけでなく，
経営者や経営企画部などを巻き込んだ全社的な検討を行うことである。

　本書は，上場企業の経営層や経営企画・財務担当者を主な読者として想定し
ている。近年の景気や日本企業の置かれた状況を勘案すると，本書の読者はど
ちらかといえば「慢性的に資金が不足しており，資金調達に奔走している企業」
ではなく，「資金が余っているが，どのように扱えばよいかわからない企業」や，
「株主から資金水準の高さを指摘され，株主還元を求められている企業」，ある
いは「適切な現預金水準がわからず，還元や投資の意思決定に困っている企業」
に属しておられる方が多数派であろう。したがって，本書では，保有現金が高
い水準にあり，株主視点で「余剰現金を有している」と判断される可能性が高
い企業を意識した議論を行う。

2 ▍「余剰現金」の定義と日本企業を取り巻く現状

(1) 「キャッシュリッチ」企業

　企業が事業に活用していない余剰現金を多く保有している状態を表現する際
に，「キャッシュリッチ」という言葉がよく用いられる。その定義については
様々な解釈があるが，例えば野村證券では「手許資金が有利子負債を上回り，
実質的に無借金で，現金や預金など流動性の高い金融資産を多く保有してい
る」[1]状態と定義している。

　キャッシュリッチな企業は，保有現金が過剰な水準になっている可能性があ
る。「過剰である」と断定せずに「過剰な可能性がある」と表現しているのは，
実質無借金状態であっても，企業の成長ステージや企業を取り巻く外部環境を
勘案すると，過剰な水準の現金を保有しているとは言い切れないケースがある

1　野村證券ホームページ「証券用語解説集」の「キャッシュリッチ」の項目より引用（https://
www.nomura.co.jp/terms/japan/ki/A02357.html）。

ためである。例えば魅力的な投資機会に恵まれている企業の場合，仮にキャッシュリッチの状態にあっても，将来の投資に備えて一時的に多くの現金を保有することは理にかなっているであろう。あるいは，半導体メーカーのように，業績が川下市場の変動に大きく左右されるような企業の場合には，一時的な業績変化へのバッファとして，一定のネットキャッシュを保有することが許容される。キャッシュリッチである企業は，そうでない企業に比べて過剰な現金を保有している可能性があるが，その水準が本当に過剰かどうかを検討するには，将来の資金需要など別の要素を考慮する必要があるのである。

(2)　現金保有のトレードオフ

　自社が余剰現金を保有しているかどうかを判断するためには，「適切な保有現金の水準」を定義する必要がある。適切な保有現金の水準を考えるにあたって，まずは現金を保有することのメリットとデメリットを簡単に整理しておこう。

　現金を保有することの主なメリットは，経営が安定して経済危機などの不測の事態への備えとなること，投資の自由度や機動力が高くなること，の2つである。

　第1に，経営の安定という観点では，十分な現金を保有していれば，経済危機などのショック要因で突然業績が悪化した場合でも，倒産の危機を免れ，また経常的に必要な投資を継続できる可能性が高まる。例えば，半導体メーカーや電子部品メーカーのように，業績が市場動向によって大きく変動するような企業の場合，そのバッファとして余剰現金を有しておくことには一定の合理性がある。

　第2に，投資の自由度や機動力の確保である。一般に，設備投資やM&Aなどの大型の投資を行う際には，増資や社債の発行，借入といった外部からの資金調達を行うよりも，すでに手許に保有している現金を活用するほうが，投資のハードルが低い。投資のハードルが低いというのは，資金調達にあたっての

債券・株式の発行手数料や，社内外の諸手続のコスト，およびそれらに有する時間が少なくて済むという意味である。特にM&Aの場合には，検討や準備のための期間が限られることもあって，手許資金を潤沢に保有しているほうが，資金調達の面では有利であろう。

　逆に，現金を多く保有することのデメリットとしては，直接的な事業活動に充てられていない資産があることで，資本効率が低下することが挙げられる。通常，現金は，（急激なデフレを前提としない限り，）それを有しているだけでは何の利益も生み出さない。一方で，第1章でも説明したように，現金も企業の資産であるため資本コストを考慮すべきである。すなわち，魅力的な投資に回すことでリターンが得られるはずの現金を手許に保有しておくことで，損益計算書上には現れない機会費用がかかっているのである。

　また，間接的なデメリットとして，現金を多く保有している企業ほど敵対的買収のターゲットとなりやすいことや，投資の際の判断が甘くなりやすいこと（いわゆる「フリー・キャッシュ・フロー仮説」）なども挙げられる。これらは，企業価値の低下に直接的にはつながらないが，企業の経営体制や意思決定に影響を与える可能性がある。

　喩えるならば，現金を保有することは，事業活動に必要な「現金」という資産の在庫を保有することに似ている。原料や仕掛品などの在庫を多く保有すると，突発的な需要の増加や原料調達のリスクに対応できたり，段取りの回数を調整して効率的な生産ができたりするようになる一方で，在庫の保管費や減耗などの費用もかかることになる。在庫を保有することのメリットとデメリットを勘案した上で，最適な保有水準を検討することが重要である。

(3)　「余剰現金」の定義

　上記のメリットを踏まえ，本書では，「短期・長期のリスクへのバッファや将来の投資への備えを勘案した際に妥当となる保有現金の水準を超えて保有する現金」を「余剰現金」と呼ぶことにする。単に合理的な目的なしに保有して

いる現金と言い換えてもよい。

　現金マネジメントとは，現金保有のメリットとデメリットを勘案した上で，自社がターゲットとする現金保有額の水準を定め，資金調達や投資，株主還元などの財務活動を通じてその現金保有額を実現する，という一連のプロセスである。具体的には，まず短期・長期の業績変動へのバッファや，将来の投資に必要な資金などをもとに，自社が必要とする現金水準を設定することで，自社に余剰現金があるかどうかを判断する。余剰現金がある場合，あるいは逆に必要な水準の現金を保有していない場合には，資金調達や投資，借入金の返済や株主への還元といった財務活動を通じて，自社に適した水準の現金保有額を達成するよう調整を行う。また，長期的には活用の目途が立っているが，短期的に使用することのない現金については，金融商品への投資など，現金保有による損失を極力抑えられるようにする。

(4)　「内部留保」と余剰現金の違い

　「企業が余剰資産を抱えている」ことを指摘する際に，「キャッシュリッチ」以外に「内部留保」という表現が使用されることがある。

　ここまで本書を読み進めていただいた読者にとっては自明かもしれないが，キャッシュリッチの状態は，多額の内部留保を抱えている場合とは異なる。第1章でも触れたように，内部留保とは，企業が所有する資産のうち，借入金や資本金など外部から調達した資金ではなく，自社が生み出した利益を株主に還元せず再投資した分を指す。バランスシートでいえば，主に純資産の中の「利益剰余金」に当たる。すなわち，「内部留保」という表現は，そもそもバランスシートの貸方，すなわち資金の調達方法を指す言葉であり，企業が保有している資産を指す表現ではない。したがって，多額の内部留保を保有していることと，効率的に活用されていない余剰現金を保有していることは別物である。

　「内部留保を株主に還元せよ」という主張は，「内部留保が多いから株主に還元すべきである」というロジックではなく，背景に「現金（あるいはその他の

非事業資産）が効率的に使われておらず，企業価値を毀損している懸念が高い
ので，投資家に還元すべきである」というロジックがあるということを認識し
なければならない。

(5)　日本企業の現状

　日本企業の余剰現金の保有の実態については，2018年に財務省が「日本企業
の現預金保有行動とその合理性の検証」というディスカッション・ペーパーの
形で取りまとめており，インターネットでも公開している。同ペーパーによる
と，日本企業の現金保有額はリーマンショック以降増加し続けているが，その
保有現預金の多くは株式市場からは割引評価されているとのことである。また，
その要因について，ROEの改善につながらないまま，現預金を積み上げてい
るために，保有する現金を有効活用できていないと株式市場からみなされてい
る，と分析している。個別企業の目線では合理的と考えて保有していても，株
式市場からは評価されていないという実態があるのである。

　加えて，そもそも多くの日本企業が自社に適切な現金保有額を設定できてい
ない可能性がある。その根拠となるのは，日本企業の配当性向の分布である。
日本企業の配当性向は30％程度に集中する傾向にあり，これは 0 ％から100％
まで広く分布する米国とは対照的であるとされる。本来，配当はあくまで企業
の当面の活動に不要な余剰資金を株主に還元するものである。したがって，当
然企業の資金計画に基づいて個別に設定されると考えられるが，日本企業の場
合は30％の周辺に集中している。これらに鑑みると，各社がそれぞれの資金計
画に基づいて配当性向を定めることができておらず，1 つの共通のベンチマー
クとして，30％を配当性向のターゲットとして定めてしまっている可能性があ
る。

　上記をまとめると，現金のマネジメントに関して日本企業が抱える課題は，
長期的な企業戦略や事業のリスクを勘案した投資や現金の保有に関する計画を
策定できていないこと，および（仮に上記ができていたとしても）それらの取

組みについて，株主に適切に開示し，対話を行うことができていないことであろう。

3 ▎現金マネジメントの検討枠組み

　前出の財務省のペーパーでは，余剰現金の保有およびその割引評価に対する対策として，人や事業への投資や株主還元を行うことによる企業価値向上を提言している。これらの主張は全く正しいが，それ以前の取組みとして，適切な事業計画を策定し，それに基づいた資本計画を策定することが，効果的な現金マネジメントを行う第一歩であろう。その上で，それらの計画をもとに適切な情報開示を行い，株主との対話を行うことが必要である。

　現金マネジメントを行う上で考慮すべき，投資・保有・還元の全体像を示したのが**図表3-1**である。

　現金の用途は，大きく，①既存事業のキャッシュ・フロー維持・拡大のため

【図表3-1】　現金マネジメントの全体像

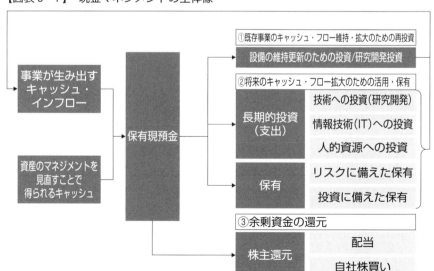

の再投資，②将来のキャッシュ・フロー拡大のための活用・保有，に分けられる。まずは，これらの活動に割り当てる現金の計画を立てることが現金マネジメントの第一歩である。次に，自社が活用可能なキャッシュ・インフローの金額を見積る。キャッシュ・インフローの源泉としては，日々の事業活動により生み出される営業キャッシュ・フローをベースに，事業売却・資産売却による投資キャッシュ・フロー，および借入や増資などによる財務キャッシュ・フローによる調達可能額を勘案する必要がある。上記の資金の活用・保有計画と，キャッシュ・インフローを比較して，余剰となる分を③自社株買いや配当という形で株主に還元する。

　①は，既存事業の競争力を維持し，キャッシュ・フローの水準を維持・拡大するため，毎期必要となる再投資である。本用途に要する現金の水準は，基本的には製品・事業のライフサイクルによって異なる。導入期・成長期の事業であれば，事業拡大のために営業キャッシュ・フローを上回る投資が必要になると見込まれるし，成熟期〜衰退期の事業であれば，基本的に営業キャッシュ・フローに対する再投資の比率を下げていくべきである。

　②の将来のキャッシュ・フロー拡大のための活用・保有は，短期的なキャッシュ・フロー創出には結びつかないものの，長期的な企業のケイパビリティの向上や，リスクおよび投資に関する備えとして活用・保有しておく現金である。「カネ余り」の傾向がある日本企業において，株主価値に最も影響を与えるのは本項目であろう。長期的な戦略やそれに基づく資金計画やその説明がないままに，ある種予算消化的な投資を行ったり，活用の目処がない現金を保有し続けたりしてしまうと，「余剰現金を効果的に活用できていない」とみなされ，市場から割引評価を受けることになってしまう。

　③の配当をはじめとする株主還元は，上記のように事業特性，企業戦略とそれらに必要な投資計画を勘案した上で，なお余剰と考えられる金額を還元するものである。配当性向の目標を定めること自体は構わないが，それはあくまで「再投資に必要な金額を上回るキャッシュを毎期創出し，それらを還元する」ことの目標として示すべきものであって，まず配当性向ありきで考えるべきも

のではないということである。

　上記のような資金計画を立てた上で，それをもとに現金保有に関する株主との対話，すなわちIR活動を行う必要がある。前出の財務省のペーパーでも指摘されているとおり，企業が合理的と判断して現金を保有していても，それが投資家から見て妥当と判断されなければ，株価は割安に評価されてしまう。したがって，株主にとって納得のいく形で現金の保有目的を開示することが必要である。

　ただし，重要なのはあくまで前半の資金計画の策定，およびその前提となる全社戦略の策定である。このフェーズで合理的な検討を行い，資金の活用計画や保有水準を定めれば，IRに必要な説明材料も必然的に揃うはずだからである。

　現金の活用の効率性を議論する際に特に論点となるのは，余剰資金の用途に当たる②将来のキャッシュ・フロー拡大のための活用・保有と，③株主還元における取組みである。したがって，本章においても，特にこれらの項目に焦点を当てて，具体的な検討方法を説明することとする。

4 ▎長期的投資（支出）

(1)　長期投資の基本的な考え方

　長期的な投資とは，既存事業の維持・継続に必要な設備更新費用などとは別に，長期スパンで見た企業の競争力向上や事業領域拡大のために行う投資である。

　これらの投資に資金を割り当てる上で重要なことは，①投資を行う目的と領域，②投資に割り当てる金額を算定するための指針，③投資対効果を測定するためのKPIを明確に定め，その上で④投資に充てる資金および期間の枠を定めることである。研究開発投資や人的資源への投資は，その予算に合理的な基準を設けにくいことや短期的な費用対効果が低いことなどから，得てして投資目的が曖昧になったり，外部から見て非効率な支出が行われてしまったりするこ

とが多い。その結果，効率的・戦略的な投資が行われていないと判断され，市場から株式を割安に評価されてしまうことになりかねない。

　企業価値向上という観点で優れているとされる企業は，上記の事項をしっかりと定め，有価証券報告書や事業報告書などのIR資料でわかりやすく開示している。具体的な開示については，本章の最後において例示する日本航空，不二製油，三菱重工の３社の事例を参考にしていただきたい。

⑵　技術への投資（研究開発）

　長期的な投資を考える際に，各社で共通して，かつ継続的に行われているのは，事業のコア技術・基礎技術などに関連する研究開発投資であろう。事業環境の変化が激しい昨今では，既存の産業を破壊してしまうような新規技術に先んじて対応するための投資の重要性が特に増大している。

　このような中，近年注目されている手法として，技術シーズを持つスタートアップへの出資や，その手段としてのCVCの活用など，企業外部の資源を取り込むことへの投資が挙げられる。令和２年の税制改正大綱において，大企業がベンチャー企業に一定額以上出資した場合，出資額の25％を課税対象額から差し引くという減税措置の導入が盛り込まれたこともあり，外部の企業が有する技術への投資は今後も活発化していくものと見込まれる。

　このような基礎技術への投資は，不確実性が高い上，特定の事業成果との結びつきを判断することが容易ではないことから，直接的な投資対効果をKPIとして把握するよりも，売上高や粗利益の一定割合を投資費用として充てるという形でのマネジメントが行われることが一般的である。加えて重要なことは，企業としての長期戦略やドメインから，投資対象とすべき技術領域や出資対象とする企業の要件（保有している技術や資金調達ステージ）を明確にすることである。投資対効果を事前に把握することが困難であるからこそ，意思決定のさらに上流段階である研究開発の目的や対象領域に関する検討を十分に行い，方針として打ち出しておく必要がある。

⑶　情報技術（IT）への投資

　中長期的な事業や製品の開発に寄与するような研究開発投資に加え，情報技術（IT）への継続的な投資を行っていく必要がある。詳細は第7章にて説明するが，近年の潮流として，既存のシステムの維持・更新にとどまらず，事業の効率化やビジネスモデルの革新を視野に入れた，システム全体の革新に向けた投資が必要とされている。企業によっては数十億円から数百億円単位の支出も想定される領域であることから，将来のシステム更新計画に基づき，しっかりと予算化しておくことが必要であろう。

⑷　人的資源への投資

　近年では，人手不足を背景に人的資本への投資が重要となっている。資金面で余力のあるうちに，将来の事業戦略を実行するにあたって必要となる優秀な人材を確保するため，Off-JTを中心とするスキル向上のための育成や，人材獲得のための給与改善への投資を行っておくことは有用な投資の1つであろう。

　人的資源への投資にあたって意識すべきことは，他の経営資源に対する投資と同様に，あくまで投資対効果を勘案して実施されるべきであるということである。単純な賃金改善はやみくもに固定費を増やすだけであり，人的資源のための投資とはいえない。あくまで，人材のスキルや能力が向上した結果，外部から容易に獲得できない人材が社内に増え，将来の労働生産性が改善される（すなわち人材の投資対効果が改善される）ことの結果として給与・賃金向上がもたらされる，というストーリーを意識すべきである。したがって，人的資源への投資としては，まずは人材育成のための費用や，能力・成果の評価に基づいたメリハリのある給与向上などの形で行う必要があろう。昨今，電機業界などを中心に導入が増えている高度専門技能を有する人材への超好待遇はやや極端かもしれないが，自社にとってのコア人材を定義し，そこに集中的に投資するという点では参考になり得る事例と考えられる。

5 ┃ 将来に備えた現金の保有（蓄積）

(1) 保有すべき現金水準の算定方法

　現金の保有目的としては，大きく，①予備的動機，すなわち将来のリスクに
対する備えとしての保有と，②将来の投資に向けた保有，の2点が考えられる。
本節では，この2つの視点から保有現金のターゲットを定めるプロセスを検討
する。

(2) 将来のリスクに対する備え

　中小企業の経営分析に際して，安全性の観点から現金の保有額を分析する際，
しばしば「現預金月商倍率」という指標が用いられる。これは，企業が保有す
る現預金が月商の何倍に当たるか，を示す指標であり，要するに「仮に売上が
なくなった場合，何カ月持ち堪えられるか」をざっくりと見積る指標である。
具体的には，例えば「2～3カ月分の現預金があるから問題ない」，「1倍を
切っているので資金繰りに懸念がある」といったように使われるが，いずれも
期間や金額に具体的な根拠があってそのように判断しているというよりも，あ
くまで通念上，そのように共通の枠にはめて評価しているにすぎない。

　このように，現預金月商倍率自体はあくまで企業（特に中小企業）の安全性
を簡便に判断するための指標であるが，その根本的な考え方は上場企業におけ
る余剰資金の分析にも共通する。すなわち，「将来，何らかの理由で収入が途
絶えた（あるいは突発的な支出が必要となった）際に，どの程度の現預金を手
許に保有しておけば持ち堪えられるか」を見積ることが必要である。

　このような分析を行うにあたってベースになるのは，損益計算書とキャッ
シュ・フロー計算書，およびイベントリスク発生時の売上シナリオである。具
体的には，①経済危機や自然災害といった事業上のリスクとなる事態が生じた
場合，売上がどの程度減少すると想定されるかのシナリオを策定し，②そのシ

ナリオで想定した売上推移となった場合，キャッシュ・アウトフローの赤字が
どの程度となるかを試算する。このキャッシュ・フロー赤字をカバーできる現
金の金額が，将来のリスクに対する備えとして企業が保有すべき現金の水準に
なる。

　①の事業上のリスクに関しては，有価証券報告書に各社記載するほか，BCP
の観点からも特定している企業が多いであろう。それらのリスクが顕在化した
際，具体的に企業活動，特に売上および対策費用としてどれだけの金額がかか
りそうかを試算すればよい。その上で②については，損益計算書およびキャッ
シュ・フロー計算書上の費目を固定費と変動費に分け，売上が減少した際の現
金支出への影響を把握する。損益計算書だけでなくキャッシュ・フローまで分
析する必要があるのは，いうまでもなく「固定費として損益計算に含まれる」
ことと，「実際にキャッシュが流出する」こととは別であるためである。具体
的には，例えば，小売の店舗を自社物件として保有している場合と，賃貸で利
用している場合では，損益計算書上ではともに固定費が計上されるが，資金繰
りという点では，自社で店舗建物を保有していればキャッシュ・アウトは起こ
らない。したがって，有事の際の資金保有額の水準を算定する上では，物件費
を考慮する必要はない。このような事情が生じ得るために，損益計算書ではな
くキャッシュ・フロー計算書まで含めて分析する必要があるのである。裏を返
せば，物件費など資産の持ち方が，事業リスクに備えた現金保有額に影響を与
え得る，という点は理解しておく必要があろう。

(3)　将来の投資に向けた保有

　現金を株主に還元せずに保有することの目的としては，将来のリスクに対す
る備えのほか，将来の大型投資に向けた保有（あるいは内部資金の蓄積）が考
えられる。このような投資資金は，ａ．すでに投資の対象や領域が明確に定
まっているものと，ｂ．用途は明確には定まっていないものの，魅力的な投資
機会が現れたときに迅速に対応するためのもの，に分けられる。後者は例えば，

魅力的なM&Aの案件が舞い込んだ際に，資金調達に苦慮せず迅速に対応できる状態を維持することなどを意図するものである。

　これらの資金については，いずれも長期ビジョンや中期経営計画といった事業計画を出発点として，現在および将来内部留保として保持すべき水準を求めることができる。ベースとなるのは将来の収支計画，特になりゆきベースのキャッシュ・フローである。

　一般に，企業が長期ビジョンや中期経営計画などの事業計画を立てる際には，まず，①あるべき姿・ありたい姿などの理想像（To Be像）を描くとともに，②現状のなりゆきベースでの事業計画（As is）を描き，③その理想像となりゆきとのギャップを埋めるための方策を考える，というプロセスを取ることが多い。将来の成長のための投資に関する資金計画は，まさにこのプロセスと同じようなプロセスで検討する。

　すなわち，ギャップを埋めるためにどのような行動を取るべきで，そのために必要な投資（例えば設備の取得，技術開発，人材育成，場合によってはM&Aなどに係る費用）を概算で見積っていく。投資のタイミングまで考慮して，それらを現状のなりゆきのフリー・キャッシュ・フローで賄えるかどうかを検証していくのである。このような検討を行うことで将来の投資のために現在保有しておくべき金額を特定できるとともに，将来のキャッシュ・インフローがどの程度余剰となるのか，あるいは足りないのかがわかる。キャッシュ・インフローが余剰となる場合には，該当分を配当などの株主還元に回せばよい。

　もちろん，将来の成長のための投資に充てられる金額は，企業が完全に自由に決めることのできるものではない。前提となるビジョンや経営計画に納得性が得られない場合には，たとえ投資枠を明確にしたとしても，稼いだ資金を内部留保の形で保有し，再投資することに関して株主の理解は得られないであろう。場合によっては，逆に一定割合の還元性向を求められ，残った資金で実行可能な事業計画を策定するように求められてしまうかもしれない。将来のビジョンとそこに至る戦略，そのための具体的な手段（現金の創出と投資計画）

について，納得性の高いストーリーを作り，それをもとに株主との対話を繰り返していくことが重要である。

6 ▍株主還元

　これまで説明してきた視点で，①既存事業への継続投資，②長期的な取組みのための継続投資（支出），③将来に備えた現金の保有額，を算出した上で，なお余剰となる金額については，有効な活用目処がない資金として，配当や自己株式の取得といった形で株主に還元することが求められる。繰り返しになるが，あくまで将来の戦略およびそれに基づく投資計画が先にあり，余剰となる分を株主還元に回すというプロセスで考えるべきである。

　もちろん，上記のような検討を行った上で，さらに配当性向や自社株買いの金額をKPIとして定めることもあり得る。例えば，不二製油グループは，中期経営計画の中で「配当性向30〜40％」を株主還元の目標として定めているものの，統合報告書において，配当性向のレンジは将来の成長投資を勘案した上で定めたものである旨を開示している[2]。重要なことは，株主還元ありきで資本政策を考えるのではなく，あくまで将来の企業価値向上のために必要な投資金額・保有金額を見積った上で，内部留保の水準を定め，余剰分を還元に充てるというスタンスを持つことである。

■ 株主還元の方法

　株主還元の方法としては，配当と自社株買いという2つの手段が考えられる。ファイナンス理論上はどちらの方法を取っても株式価値に与える影響はフラットであり差が生じないが，実際にはアナウンス効果という形で市場からの評価に影響を与え得る。

2　不二製油グループ本社株式会社「統合報告書2018」48頁を参照。

　詳細な説明や証明は一般的なファイナンス関連の書籍で詳しく説明されているため割愛するが，簡単に説明すれば，「いずれの還元策を取っても理論上は株式価値に影響しない」というのは，どちらを選択しても将来の企業のキャッシュ・フローに影響しないからである。企業価値は将来のキャッシュ・フローを現在の価値に割り引いて算定されるものであるため，キャッシュ・フローに影響がなければ企業価値および株主価値は不変となるはずである。ただし，自社株買いを選択した場合，企業価値および株主価値は不変のまま，市場に流通する株式総数は減少するため，見かけの株価は上昇する。配当の場合，株価は上昇しないものの，株主は現金で直接リターンを受け取ることができる。個々の株主の目線で見れば，株式を保有することのリターンをインカム・ゲインで得るか，キャピタル・ゲインで得るかの違いにすぎず，実際のリターンの水準に違いはない。

　それでも株主還元の方針が市場株価に影響を与え得るのはアナウンス効果という心理的効果が働くためである。アナウンス効果とは，企業の配当政策を見た株主が，企業の今後の事業の見通しや資本政策を予想し，それをもとに株式の評価を見直すという心理的な効果である。アナウンス効果を理解するためには，前提として，配当性向はある程度固定的なものであり短期間で容易かつ頻繁には変えにくい一方で，自社株買いは単発のイベントとして実施できる，という認識を共有しておく必要がある。

　企業が株主還元の手段として配当（増配）を選択した場合，配当性向を簡単には変更し難いことに鑑みると，それは「将来にわたって長期的な余剰キャッシュ・フローを創出する見込みがある」というシグナルとして投資家に伝わる。これは，継続的な株主還元を行うという意思表示として評価されることがある一方で，投資不足とみなされている企業や本業が縮小傾向にある企業の場合，「もはや事業の成長余地がない」というシグナルとして受け取られてしまう可能性もある。後者のシグナルの影響を防ぐためには，本章で説明してきたように，将来の事業戦略と，そのために必要な投資資金・手許資金に関する合理的な説明を行うことが重要となる。

　一方で，自社株買いの場合は配当とは逆で，「今回の株主還元は自己資本比率や現金保有額を調整するための突発的なイベントである」というシグナルを生じることになる。また，配当にはない効果として，企業が「現在の当社の株価は割安である」と判断していることを示すシグナルにもなり得る。企業自身が算定した理論株価よりも市場株価のほうが割高である場合，企業として自社株を割高で購入するという選択肢は取らないはずだからである。なお，株価が割高な状態で単発の株主還元を行う方法としては，通常の配当ではなく「記念配当」や「特別配当」といった形で配当を行うことが考えられる。

　以上のように，株主還元の主な手法である配当と自社株買いは，理論上は株式価値に影響しないはずであるものの，実際にはアナウンス効果を通じて株式市場からの評価に影響を与え得る。アナウンス効果を意識して還元施策を選択することも重要であるが，それ以前に自社の還元方針や個々の施策について，その背景となる将来の資金計画の考え方とともに明確な開示を行うことで，企業と株主との間で情報や認識のギャップが極力生じないようにすることが重要である。

　基本的な方針としては，長期的な事業の見通しに基づいて算出した所用投資金額と毎期の営業キャッシュ・フローとの差額については配当で，それ以外の突発的なキャッシュ・インフローの増加（例えば一時的な好業績や資産売却による特別収益）や資本構成の見直しに伴う現金保有額の調整については自社株買いあるいは特別配当で対応するのが自然であろう。

7 ▎現金マネジメントの計画の策定および開示の事例

　ここまでで，現預金のマネジメントについての基本的な考え方と，現金の活用方法について説明してきた。最後に，現金マネジメントに関する実際の好事例をいくつか取り上げて，そのポイントを整理していくこととする。とはいえ，現金のマネジメントは，企業の内部における検討であるため，その内情を細やかに紹介することは難しい。そこで，有価証券報告書や統合レポートなどにお

ける，キャッシュ・フローや現預金に関する開示をもとに，当該企業の現金マネジメントに関する考え方や，投資家との対話のあり方を探っていくこととしたい。

　キャッシュ・フローに関する企業の考え方や方針は，主に有価証券報告書の記述情報や，統合レポートやアニュアル・レポートにおけるCFOメッセージの項などで確認することが可能である。このような開示のうち，特に好ましいと考えられる開示事例について，金融庁が2019年4月に『記述情報の開示の好事例集』として取りまとめている。

　以下では，同事例集で紹介されている企業のうち，本章で説明した考え方や概念に合う事例として，以下の3社を取り上げて，開示内容とポイント，本章の内容との関連性について説明していく。

▶日本航空株式会社
▶不二製油グループ本社株式会社
▶三菱重工業株式会社

　以下では，実際の開示内容を参照しながらそのポイントを考察していくが，重要なことは，単に開示方法（例えば文面や図表など）を真似るだけでなく，その背景にある現金のマネジメントや投資計画，株主還元に関する考え方や，その企業における実際のマネジメントのプロセスを読み取り，自社における現金のマネジメントの参考とすることである。なお，上記の企業はいずれも同事例集に取り上げられている企業であるものの，分析としては本章の内容に沿った視点・観点での説明を行い，また取り上げる開示書類の発行年度についても，事例集とは異なる年度のものを用いる場合があることに留意いただきたい。

　また，同事例集では，「キャッシュ・フローの状況の分析・検討内容等」に関して上記3社以外にも複数の事例が紹介されているほか，「経営方針，経営環境及び対処すべき課題等」や「事業等のリスク」など，様々な記述情報に関する開示の好事例が取りまとめられているので，現金のマネジメントにかかわ

らず，IRの担当者はぜひ参考にしていただきたい。

(1)　日本航空株式会社

　日本航空株式会社（以下「日本航空」という）は，JALブランドで知られる航空会社である。同社における現金マネジメントと開示のポイントは，ａ．将来の設備投資計画および用途とそのための資金額を明確に示していること，ｂ．別途，機動的な投資を行うための資金枠を設け，その金額を開示していること，ｃ．緊急の資金需要（リスクへの備えとしての資金需要）のための手許資金の保有水準を定めて開示していること，の３点である。

　日本航空では，これらの情報について，有価証券報告書の【経営者による財政状態，経営成績及びキャッシュ・フローの状況の分析】の項目において開示している。以下が当該開示内容である（下線は筆者）。

3　【経営者による財政状態，経営成績及びキャッシュ・フローの状況の分析】（一部抜粋）

> ｃ．資本の財源及び資金の流動性
> １）財務戦略の基本的な考え方
> 　当社グループは，強固な財務体質と高い資本効率を両立しつつ，企業価値向上のために戦略的に経営資源を配分することを財務戦略の基本方針としております。
> 　強固な財務体質の維持に関しては，自己資本比率の水準を60％程度に保ち，「シングルＡフラット」以上の信用格付（日本の格付機関）の取得・維持を目指し，リスク耐性の強化を図ります。
> 　同時に，適切な情報開示・IR活動を通じて株主資本コストの低減に努めると共に，営業キャッシュ・フローによる十分な債務償還能力を前提に，厳格な財務規律のもとで負債の活用も進めることにより，資本コストの低減および資本効率の向上にも努めてまいります。
> 　設備投資に関しては，企業価値の向上に資する成長のための投資を積極的に推進してまいります。2018年度から2020年度の３年間累計では総額7,000億円の投資を計画しており，その約２/３に相当する4,800億円をキャッシュ・フローの増加に繋がる投資を行う計画としております。なお，各年度の設備投資額は営業

キャッシュ・フローの範囲内とすることを原則とし，強固な財務体質を維持し，十分な水準の手元流動性を確保してまいります。

また，既に計画している設備投資とは別に，将来の企業価値を飛躍的に向上させる投資機会に機動的に対応できるよう，500億円の「特別成長投資枠」を設定しております。

2）経営資源の配分に関する考え方

当社グループは，適正な手元現預金の水準について検証を実施しております。今中期経営計画期間においては，総資産利益率（ROA）にも着目しつつ十分なイベントリスク耐性も備えるべく，売上高の約2.6か月分を安定的な経営に必要な手元現預金水準とし，それを超える分については，「追加的に配分可能な経営資源」と認識し，企業価値向上に資する経営資源の配分に努めます。

2020年度に向け，手元現預金及び今後創出するフリーキャッシュ・フロー，そして有利子負債の活用により創出された追加的に配分可能な経営資源については，企業年金基金の財政基盤強化，飛躍的な成長のための特別成長投資枠，株主還元のさらなる充実，に活用する考えです。

3）資金需要の主な内容

当社グループの資金需要は，営業活動に係る資金支出では，航空運送事業に関わる燃油費，運航施設利用費，整備費，航空販売手数料，機材費（航空機に関わる償却費，賃借料，保険料など），サービス費（機内・ラウンジ・貨物などのサービスに関わる費用），人件費などがあります。

また，投資活動に係る資金支出は，航空機の安全，安定運航のために不可欠な設備や施設への投資，企業価値向上に資する効率性・快適性に優れた新しい航空機への投資，安定的・効率的な航空機の運航や，競争力強化に資する予約販売に関するIT投資などがあります。

4）資金調達

当社グループの事業活動の維持拡大に必要な資金を安定的に確保するため，内部資金および外部資金を有効に活用しております。

設備投資額は営業キャッシュ・フローの範囲内とすることを原則としておりますが，資金調達手段の多様化と資本効率の向上を企図し，主要な事業資産である航空機などの調達に当たっては，金融機関からの借入や社債の発行等の有利子負債，航空機リースを一部活用しております。

また，安定的な外部資金調達能力の維持向上は重要な経営課題と認識しており，

> 当社グループは国内2社の格付機関から格付を取得しており，本報告書提出時点において，日本格付研究所の格付は「シングルＡ（安定的）」，格付投資情報センターの格付は「シングルＡマイナス（ポジティブ）」となっております。また，主要な取引先金融機関とは良好な取引関係を維持しており，加えて強固な財務体質を有していることから，当社グループの事業の維持拡大，運営に必要な運転資金，投資資金の調達に関しては問題なく実施可能と認識しています。なお，<u>国内金融機関において複数年を含む合計500億円のコミットメントラインを設定しており，緊急時の流動性を確保しております。</u>

（出所） 日本航空「有価証券報告書（2019年3月期）」30〜31頁

　先に挙げたポイントについて，以下で順に確認していく。

　まず，ａ．将来の設備投資計画および用途とそのための資金額については，「1）財務戦略の基本的な考え方」において説明しているように，2018年度から3年間の累計の投資額を定め，そのうちキャッシュ・フローを増加させるための投資に約3分の2を割り当てるなど，投資の目的についても開示している。また，これらの投資については営業キャッシュ・フローの中で行うこと，すなわち将来の投資に備えて追加的な現預金を用意する（積み立てる）のではなく，毎年稼ぎ出すキャッシュで対応することを示している。また，具体的な投資使途についても，「3）資金需要の主な内容」において説明している。

　また，ｂ．機動的な投資を行うための資金枠についても500億円を設ける旨を設定していることから，M&Aなどの大型投資も視野に入れていることが窺える。

　ｃ．緊急の資金需要（リスクへの備えとしての資金需要）のための手許資金については，イベントリスク等を考慮して売上高の2.6カ月分をターゲットとしており，この金額を超える分を「追加的に配分可能な経営資源」，すなわち投資と株主還元に充てると説明するなど，手許の資金についてもリスクへの備えとしての保有額と，それを上回る余剰額の捉え方を明確に示している。また，同じ個所で総資産利益率（ROA）にも言及していることから，資産効率性の向上のために不要なキャッシュを持たないという考え方が根底にあることがわ

かる。

　また，ｂ．機動的な投資を行うための資金，およびｃ．緊急の資金需要のための手許資金の双方に関連するものと考えられるが，「4）資金調達」において，500億円のコミットメントラインを設定している旨も説明している。コミットメントラインとは，毎年一定の手数料を支払う代わりに，緊急の資金需要時に，あらかじめ定めておいた金額を銀行から借り入れる権利を得る契約である。資金を借り入れない場合でも手数料がかかるコミットメントラインを結ぶのは，同額の資金を自己資本で手許に持っておく際にかかる資本コストを意識していることの表れということができるだろう。

　以上からわかるように，日本航空では余剰な現預金を持たないというスタンスのもとで，リスクに対する備えとしての現預金保有額を定め，それ以外の資金と区別している。また，投資計画については中期経営計画に相当する3年間の単位で投資計画を定め，投資金額についても，用途の定まっている投資と，機動的な投資とに分割して管理していることが窺える。

⑵　不二製油グループ本社株式会社

　不二製油グループ本社株式会社（以下「不二製油」という）は，大阪に本社を持つ，機能性油脂をはじめとする食品素材の製造・販売を手掛けるメーカーである。不二製油の財務マネジメントの特徴は，ａ．日本航空と同様，将来の設備投資やM&Aに費やす投資資金を明確に示していること，ｂ．それらの投資資金をどのように創出するかのシナリオを描いていること，ｃ．上記の投資額とキャッシュ創出額を踏まえて，株主還元目標を立てていること，の3点である。

　不二製油では，これらのキャッシュの創出と活用の計画について，中期経営計画および統合報告書において開示している。具体的には，以下のとおりである（下線は筆者）。

【中期経営計画　キャッシュ・フローの創出と配分】

【図表3-2】　不二製油の中期経営計画におけるキャッシュ・フローの創出と配分

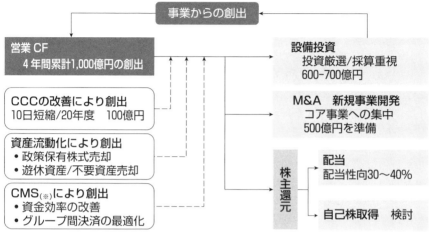

※　CMS：Cash Management System

（出所）　不二製油「新中期経営計画説明会 Towards a Further Leap 2020～さらなる飛躍
に向けて～」33頁

【統合報告書2018　財務戦略　CFOメッセージ】（一部抜粋）

■企業価値向上に向けた具体的な施策

在庫適正化の推進で大きくCCCを改善

中期経営計画の初年度であった2017年度は，持続的な利益成長に向けて，さまざまな施策をスタートしました。CCCの改善では，経営指標をブレイクダウンし，現場が注力しやすいKPIを設定しました。原料や仕掛品，製品の在庫削減などに取り組み，CCCや営業キャッシュ・フローの中計達成に向けて進んでいます。CCCの改善は，売掛金回収の徹底と在庫をいかに適正化するかがポイントです。商品の特徴はもちろん，お客様やその事業の特性を加味して最適な回転率や在庫量の基準を設けるなど，現場での戦略的な対応が不可欠です。当社グループでは基幹システムの導入によるデータの一元化により，本部長から担当までのそれぞれのレイヤーで，KPIツリーを可視化する取り組みを推進しています。これにより，不良品率も含めて細部まで指標を月ごとに立てることができるため，十分な検証が可能となります。基幹システムの統一によって，各社，各事業の指標を横並びに比較することで，CCCの改善効果がかなり期待できるものと考えていま

す。

■資本政策の今後

M&Aなどの戦略的投資をさらに加速

事業環境はますますグローバル化が進み，競争も激化していくものと認識しています。また，ガラパゴス的な市場環境だった日本にも海外企業が続々と進出してきています。日本国内の食品業界においても，少なからず業界再編は起こり，優劣がより鮮明になるはずです。グローバル競争では，シェアを有する企業と強みを活かして差別化ができる企業以外は，生き残れなくなる状況になるのではないでしょうか。

競争が激化する事業環境では，強みのある分野に集中していく必要があります。各エリアのオーガニックグロースを確実に取り込むことに加え，成長戦略としてM&Aがこれまで以上に恒常化すると考えています。当社グループも中期計画でM&Aへの投資資金として500億円を準備し，M&Aを戦略的に検討しています。

当社グループでは，投資の収益性を正しく評価するため，グローバル投資基準と撤退基準の導入を進めていますが，今後はさらに各国別に設定される資本コストを意識した経営を行うことが重要だと強く認識しています。また，撤退基準の導入により，既存事業においても事業の存続は毎年検証されることになります。

将来の成長戦略投資を勘案した株主還元

還元・配当政策は，経営の最重要課題の一つと認識しています。中期経営計画においては「配当性向30%〜40%」「安定的かつ継続的な配当の実施」「自己株取得についても機動的に検討」を配当方針とし，配当性向については経営目標として掲げました。配当性向はレンジを設けていますが，これは将来の成長投資を勘案すれば，株主還元の適切な比率は30%〜40%とみたことに因ります。配当については連結業績・事業キャッシュ・フローなどを勘案の上，方針に基づき決定していく所存です。

内部留保金につきましては，企業価値の向上のために生産設備投資，新規事業投資および研究開発投資など成長戦略投資に活用してまいります。

（出所）不二製油「不二製油グループ　統合報告書2018」47〜48頁

先に挙げたポイントについて，以下で順に確認していく。

まず，ａ．将来の設備投資やM&Aに費やす投資資金については，中期経営計画の「キャッシュ・フローの創出と配分」において説明しているほか，統合

レポートにおいても既存事業・領域への投資のほかに，成長戦略としての
M&Aのために500億円を用意する計画であることを明記している。中期経営
計画が公開されたのは2017年2月であるが，不二製油は実際に，翌年の2018年
11月に米国の業務用チョコレートメーカーBlommer社を買収した。同社の製
品を販売するためにBlommer社の有する販売チャネル網を活用することで，
これまでアプローチできていなかった米国市場に進出することが目的であった。
買収価額は800億円であり当初の予算をオーバーしてしまっているものの，手
許資金で不足する分については借入等で賄っており，今後創出するキャッ
シュ・フローで返済する計画を立てている。

　b．投資資金を創出するシナリオについては，中期経営計画で全体像が示さ
れているほか，特に重視するキャッシュ創出策としてCCC（キャッシュ・コ
ンバージョン・サイクル）に関する取組みを統合報告書にて説明している。
CCCとは，企業が生産活動をするにあたって，材料などの仕入代金を支払っ
てから，製品を製造・販売し，その代金を回収するまでの期間である。計算式
は下記のとおりである。

　　　CCC＝棚卸資産回転期間＋売上債権回転期間－仕入債務回転期間

　仕入れは継続的に行う必要があるから，この期間が長ければ長いほど，また
日々の取引額が多ければ多いほど，売上金の回収に先だって出ていく現金が多
いことを意味する（このような資金を「運転資金」あるいは「運転資本」とい
う）。不二製油の2017年度のCCCはおよそ100日間であるから，仕入代金を支
払った材料を加工して顧客に販売し，その代金を顧客から回収するまでに100
日間を要していることになる。すなわち，仕入代金の支払日から最初の100日
間は仕入に必要な現金が流出し続ける一方で，売上代金の回収によるキャッ
シュ・インは得られない。そのため，この期間の仕入代金に相当する現金を手
許に保有しておく必要がある，ということになる。不二製油は売上が年々増加
傾向にあることもあって，この運転資金の額も増加している。同社において，

このCCCを10日間，すなわち全体の1割短縮すると，運転資金のうち100億円相当の現金を回収し，別の用途に活用することができるのである。

　不二製油では，手許現金の増加手段として，CCCの短縮のほか，年間の営業キャッシュ・フローと資産流動化による創出，およびCMSの導入による創出を掲げている。これらの手段はいずれも，本書の後の章において説明する手段である。既存の資産をより効率的に活用したり，現金化したりすることによって，将来のキャッシュ・フローを増大させるような投資に割り当てるための資金を捻出するという計画を描いているのである。このように，既存資産の効率的活用をスタートとして，最終的に企業価値の向上を実現するための考え方や手法が広まることは，本書の目指すところといえよう。

　ｃ．上記の投資計画とキャッシュの創出計画を踏まえた株主還元の目標値は，中期経営計画と統合レポートの両方で示されている。同社では，社内の効率的な資産活用によって生み出すキャッシュ・フローを増加させ，それらを必要な投資に割り当ててなお残る株主還元の水準について，利益の30〜40％相当とすることを説明している。一見すると日本企業の基本的な水準に落ち着いているように見えるものの，単に横並びで設定した数値でなく，それを支えるロジックがある点がポイントである。

　以上のように，不二製油では将来の投資計画と，そのために必要な現金を創出するための手段，そしてその差額としての株主還元の目標値を1つのストーリーとして納得のいく形で提示している。現金に限らず，企業資産のマネジメントを考える際にはこのような全体観を持ったストーリーを常に意識するべきであろう。

(3)　三菱重工業株式会社

　最後に，三菱重工業株式会社（以下「三菱重工」という）の事例を取り上げる。

　三菱重工も，他の2社と同様，事業計画期間における資金の活用方針と内訳を，資金創出の手段と併せて説明している。同社は，これらについて主に同社

のアニュアル・レポートである「MHI REPORT」で開示している。

【「MHI REPORT 2018」より　CFOメッセージ】（一部抜粋，脚注は筆者）

> ### 2018事業計画の財務戦略
>
> 　2018事業計画期間中は，2015事業計画までに構築した財務基盤および新たに稼ぎ出すキャッシュ・フローをもとに，即効性のある成長投資を含む「攻め」の資金配分のウェイトを高めることとします。
>
> 　MRJ事業については，初号機の納入を予定している2020年度に向けてさらに2,000億円程度の資金投入を予定していますが，開発という面では出口が見えつつあります。また，南アフリカの火力発電プロジェクトの工事も峠を越えたと評価しています。こうした状況を踏まえて，2018年度からの3ヵ年では，攻めの配分として，9,600億円を新規事業等に投入する計画です。
>
> 　当社グループが抱える事業のうち，売上高の70%を占める事業はすでにTOP[3]を達成しており，収益力は安定しています。これらの事業をさらに強化するとともに，課題事業への手当てを着実に遂行することで，キャッシュ・フロー創出力と収益力の向上を図ります。
>
> 　一方で，有利子負債はすでに十分低いレベルにあるため，今以上に守りを固めるよりは，株主還元を強化したいと考えています。2018年度の1株当たり配当金は2017年度比10円増の130円を予定しており，2020年度には180円を目指したいと考えています。

（出所）　三菱重工「MHI REPORT 2018」24頁

　上記の開示内容からわかるように，三菱重工においても，資金の用途を既存事業の維持のための再投資およびリスクへの備えとしての保有（「守り」の配分）と，成長のための投資（「攻め」の配分）に分けるとともに，そのための現金創出の方法を説明している。また，「2018事業計画」における金額は小さいものの，B/S改善やアセットマネジメントなど，既存資産の収益化・現金化によって創出する現金を見積っている点も不二製油と同様である。また，三菱重工では，これらの差額，すなわち余剰分について，配当などの形で配当する

　3　TOP：“Triple One Proportion” の略で，同社が重視する経営の3要素である，売上高（事業規模），総資産，時価総額の比率が1：1：1となり，バランスが取れている状態を指す。

【図表3-3】 三菱重工の財務戦略

2018事業計画期間の定常営業キャッシュ・フロー[1]		2015事業計画期間実績	
キャッシュ・フロー利益（純利益+減価償却費）	13,100億円	CF利益	10,000億円
B/S改善+アセットマネジメント	100億円[2]	B/S改善	5,000億円
		アセットマネジメント	2,600億円
合計	13,200億円	合計	17,600億円

※1　MRJ・南アフリカプロジェクトは含まず。
※2　BS改善は2015事業計画で大幅に進捗。2018事業計画期間は，事業規模が増加するも，運転資金は現状維持。

[攻めの配分] 9,600億円			[維持・守りの配分] 1,700億円			[株主還元] 1,900億円
新規事業 新規案件 およびMRJ事業 5,800億円	設備投資 [生産性向上] 2,400億円	投融資 1,400億円	設備投資 [老朽更新] 1,600億円	リスク 対応 500億円	有利子 負債削減 △400億円 ↓ ※3 500億円	配当金 [非支配株主への] [配当金を含む] 1,900億円

※3　2017年度に前倒しで獲得したCF（手許現金）を有利子負債削減に充当（900億円）。
（出所）　三菱重工「MHI REPORT 2018」24頁

という考えを示している。

8 ┃ ま と め

　本章では，現金マネジメントの基本的な考え方と検討のプロセス，そして実際の企業の取組みと開示事例について説明してきた。ここまで見てきたように，現金マネジメントにおいては，自社が将来必要とする資金を明確にして株主に説明した上で，その資金の調達計画を立て，余剰分を株主に還元することが重要である。配当性向など，株主還元の目標値を立てること自体は悪いことではないが，それはあくまで現金の創出・活用の計画とセットで考え，全体としてのストーリーを作ることが重要といえる。

　将来の投資計画に関する検討は，財務部門やIR部門だけで実施することは困難である。というのも，本章で説明してきたように，企業としての長期ビ

ジョンや中期経営計画といった形で自社のあるべき姿と，そこに至るための方法を整理し，それらを数値計画に落とし込んではじめて，そのために必要な資金を算定することができるからである。このように，現金のマネジメントはトップ・マネジメントや経営企画部，事業本部などを巻き込んで全社的に検討すべきテーマなのである。

第4章

保有株式取扱い上の
ポイント

　日本では，商習慣としての株式の政策保有（持ち合い株式を含む）の文化があるが，昨今のガバナンス改革の中で見直し（原則として縮減）の必要に迫られている。一般的には，株式を取得する際には入念な検討を行うが，その後の取扱いについて検討する機会が少ない企業が見受けられる。その株式をそのまま保有・維持すべきか，さらに買い増すべきか，あるいは売却すべきかの検討が必要ではないかと考えられる。本章では，株式保有の目的を純投資目的，政策保有目的，グループ経営目的に分け，それぞれ検討の視点を紹介する。

1 ┃ その株式を保有しておくべきかどうかの検証

　本章では，資産としての株式を保有すべきかどうかについて検証する。株式を保有することは，単なる資産を保有することとは異なり，資産の集合体である会社を保有することにもつながる。普通の資産は，それ自体から損失を発生させるようなことはない（もちろん，売却損や減損，償却費などはある）。しかし，会社を保有（子会社化）していれば，その損失を受けることもある。

　検証の視点としては，事業戦略上保有するメリットがあるか，会計・税務上保有するメリットがあるかなどがある。加えて，近年の潮流として，コーポレートガバナンスやそれに付随する開示の関係から，保有の要否検討や，株主への説明といった観点からの検討が必要になってきている。会社の内部だけで

完結するテーマではなく，市場とのつながりがある以上，株式の保有に関しては内部だけではなく外部への合理的な説明が求められる。本章では，多岐にわたる検証項目について概観している。各社の置かれた状況については一様に想定することができない。そのため，本書記載の項目について，各社の状況に応じて濃淡を付けて検証するのがよいと思われる。したがって，1つひとつの検証項目についての詳細は，本書では省略している。

　株式の保有については，大きく3つの目的があると考えられる。1つ目は純投資目的，2つ目は政策保有目的，3つ目はグループ経営目的である。それぞれ検討すべき論点があるため，以下，3つの目的ごとに保有の要否を検討する。

2 ▎株式の目的別取扱い

(1) 純投資目的

　まずは，株式の保有を純投資目的で検討する。純投資目的の場合は，基本的に保有すべきか否かを財務リターンのみで判断することになる。コーポレートガバナンス・コードで求められているとおり，ハードルレート[1]は，資本コストと考えるべきである。では，リターン側の数字については，何があるだろうか。株式投資のリターンと考えれば，インカム・ゲイン[2]とキャピタル・ゲイン[3]（キャピタル・ロス）を足したトータルリターンで判断する方法が考えられる。投下資本は，株式の取得金額とする。この場合，（みなし税引後）トータルリターン÷投下資本で純投資のリターンが計算できる。みなし税引後トータルリターンは，トータルリターン×（1－実効税率）である。一方で，このような評価はあくまで単年度の評価でしか活用できない。仮に複数年度投資を

　1　投資評価の基準の1つで最低限必要となる利回り。
　2　資産を一定期間運用することで得られる利子。
　3　資産を売却する際の購入価格との差による収益（プラスのときはキャピタル・ゲイン，マイナスのときはキャピタル・ロスという）。

したリターンを考える場合に，上記の式では不十分と考えられる。その理由は，時間価値を考慮していないからである。例えば，すぐに手に入る100万円と1年後に手に入る100万円では，時間価値を考慮した場合イコールにならず，すぐに手に入る100万円のほうが価値が高いことになる。そこで複数年度の純投資リターンを考える際には，内部収益率（IRR）を利用する方法が考えられる。下記のような式を満たす "r" が内部収益率（IRR）となる。

$$\sum_{k=0}^{n} \frac{C_k}{(1+r)^k} = C_0 + \frac{C_1}{(1+r)^1} + \cdots + \frac{C_n}{(1+r)^n} = 0$$

ここでC_kはk年目の収益を表す。C_kで表される収益は，みなし税引後配当とする方法が考えられる。仮に保有株式が時価評価できたとしても，すぐには売却しないためこの段階ではキャピタル・ゲイン（キャピタル・ロス）は繰り延べると考えたほうがよい。キャピタル・ゲイン（キャピタル・ロス）は，最終的に売却する際に実現すると考える。C_0は初年度の投資（株式の取得）を表し，nは投資期間を表す。状況に応じて，上記の式の詳細は変えることがあるかもしれないが，概ねこのように評価する方法が考えられる。

　内部収益率（IRR）がハードルレートを超えれば，純投資目的で株式を保有する理由として説明ができる。しかし，検討項目として，純投資と本業の関係といった観点からの検討も必要である。すなわち，純投資で得られるリターンと，事業から得られるリターンについて比較した場合を考える。事業リターン＞純投資リターンであれば，そもそも純投資にお金を回さず，本業へ投資したほうがよいのではないかと考えられる。本業への投資先がないからといった理由も考えられるが，その場合，成長の方向性が見出せていない可能性がある。さらに市場から見て，成長が見込めない企業といったネガティブなメッセージと捉えられる危険性がある。逆に純投資リターン＞事業リターンであれば，一見すると純投資をやる意味がありそうに思える。しかし，株主から見ればその会社は株式投資で儲けている会社という認識になる。中途半端に株式で儲けてい

る会社に投資するより，投資先を変えて株式投資を生業としている会社に投資したほうがよいと考える。どちらの場合でも，純投資にそれなりの金額をかけている企業に対しては，市場からネガティブな見方をされるリスクがある。そのため，純投資にある程度の資金を投入している企業は，リターンの大小にかかわらず徐々にその金額を減らしていくほうがよいのではないかと考えられる。

(2)　政策保有目的

　政策保有株式の定義，特にコーポレートガバナンス・コードにおける定義は，東証「『フォローアップ会議の提言を踏まえたコーポレートガバナンス・コードの改訂について』に寄せられたパブリック・コメントの結果について」によると，上場会社が純投資以外の目的で保有する株式と上場会社の実質的な政策保有株式になっているみなし株式である。ただし，株式持ち合いに限らず，上場会社が，他方の上場会社の株式を一方的に保有する場合も含むとされている。

　コーポレートガバナンス・コードが2018年6月に改訂され，その際に政策保有株式に関する記載が変更された。原則1-4の記載内容の変更と併せて，補充原則1-4①と1-4②が追加された。原則1-4における変更点として，以下の点がある。

① 単なる政策保有に関する方針の開示から，縮減に関する方針の開示へと変更された。

② 取締役会において，政策保有株式全体の検証に加えて，個別の株式の検証も求められた。

③ 保有目的の検証において，中長期的な経済合理性や将来的な見通しを検証し，保有のねらいや合理性の説明が求められていた。しかし，改訂後は保有に伴う便益やリスクが資本コストに見合っているか等の表現に変わった。リターンやリスクが「資本コスト」に見合っているかといった具体的な基準が明記される結果になった。

④　政策保有株式に係る議決権の行使において，具体的な基準の策定と開示が求められるようになった。「具体的」といった言葉が追加され，株主から見て，会社の議決権行使プロセスがわかるようにすることが求められている。

　1-4①では，政策保有株式の保有先から，売却等の意向が示された場合，取引縮減を示唆するなどにより，売却等を妨げるようなことをしないように求めている。1-4②では，政策保有株式の保有先との取引において，経済合理性を欠き，会社の利益を損ねることのないように求めている。

　原則1-4では，保有する側視点からの内容であったが，補充原則では一転して保有される側の視点からの内容となっている。日本では，政策保有株式の多くは持ち合い株式になっており，保有する側だけでなく，保有される側の立場が併存することも多い。その際，自社に対する議決権行使に便宜を図ってもらうために，持ち合い先の意に沿った議決権行使を行うといった行為が経営陣の保身のためのものになっているのではないか，といった問題提起と考えられる。このような保身のための行為は，必ずしも企業価値向上に資する経営判断とは限らないからである。今回の改訂は，政策保有株式・持ち合い株式を漫然と維持することに対して否定的であり，各社に再考を促すメッセージではないかと考えられる。

　このような改訂を受け，各社は政策保有株式の取扱いについて検討を行っている。各社が取り得る選択肢として，①買い増し，②維持，③縮減・売却の3パターンが考えられ，どの選択肢を取ったとしても，合理的な理由が求められる。実際，検討の結果，政策保有株式を売却する結論に至った会社も多い。③については，政策保有株式をめぐる潮流に合致しているため，最も説明が容易である。ただし，売却によって，保有先との関係の希薄化などデメリットもあるため，必要に応じて保有先と協議の場を持ち，両社納得できる結果に落ち着かせる必要があるなど，言うは易く行うは難しである。①と②については，コーポレートガバナンス・コードが縮減を求めているにもかかわらず，それに

反した行為である以上，合理的な説明が求められる。純投資目的ではない以上，財務リターン以外の便益が必要不可欠である。具体的な説明としては，事業シナジーがその1つとして考えられる。考えられるケースとして，事業上の取引相手や協業先の株式を政策的に保有している（相互保有している）状況が考えられる。どこまで開示するかは別として，株式を保有する前後の取引量や取引金額がどう変わったのか，その増加した取引がどれだけ売上高や利益に貢献しているかまで把握し，事業上のリターンまで試算できれば，合理性は確かめられる。もちろん，財務リターンと事業リターンを合わせて，資本コストを上回っていることが明示できれば最も良い。売上への寄与以外にも考えられるのが，コスト面である。共同購買や，共同研究開発，共同物流など保有先と機能を共有し，コストカットする方法が考えられる。

事業面における業務提携のパターンは，大きく下記のように整理できる。

① 販売協力
② 技術ライセンス
③ 共同研究
④ 生産委託

① 販売協力

販売協力では，パートナーの販売資源を活用する。販売資源は，主に販売チャネルとブランドが考えられる。

販売チャネルでは，小売店舗などの物理的販売チャネルに限らず，卸などの流通チャネル，ECサイトなどのオンライン上の販売チャネルも含まれる。販売チャネルの活用により，自社だけではアプローチが難しかったエリアなどに一気に展開が可能となる。自社が販売したい先に対して，（もちろん，商品に需要があることを前提として）すでに顧客が見込める状態で進出することになり，自社単独での進出に比べてリスクも低い。

次にブランドの活用について考える。自社では良い商品を販売しているのに，

知名度不足で販売が伸び悩んでいる企業あるいは後発組などの場合，自社ブランドでの販売よりも，すでに確立したブランドを保有する企業をパートナーとして販売する方法が考えられる。販売資源の特徴として，エリア性があり，構築に時間がかかるといった点がある。そのため，確立された販売資源は，経営資源としての希少性が高く，（すぐに）活用したいとなったとき，提携（あるいは買収）が選択肢となってくる。

活用の方法として，販売委託やOEMなどが考えられる。販売委託は，自社の商品をパートナーの販売チャネル上で販売してもらうように業務委託し，売上高に応じた手数料を支払うといった形式である。OEMは，主にパートナーのブランドを活用することを目的としている。パートナーのブランドで販売することを目的として，自社で生産を行い，購入者は，その商品を購入する際，パートナーの商品として認識した上で購入する。

②　技術ライセンス

技術ライセンスは，パートナーの技術資源を活用する。すなわち，技術に関する知的財産権を使用するための法的許可をパートナーから得ることを指す。特に特許に関しては，保有企業が技術を排他的に使用できるので，その技術を利用したい企業は，当該企業に使用許可を求める必要がある。

ただし，一方的かつ一時的にパートナーの技術ライセンスを活用するだけの場合は，業務提携や資本提携は不要である。パートナーから技術支援を受ける場合や，③の共同研究などに発展する可能性がある場合は，継続的な関係構築が必要となりパートナーとしての関係性構築が必要となる。技術ライセンスを活用する側の論点を整理したが，逆に技術ライセンスを保有する側の論点については，第6章を参照してほしい。

③　共同研究

共同研究は，パートナーの（研究開発に携わる）人的資源を活用する。共同研究の際には，お互い技術的・学術的な知識あるいは研究資金を持ち寄ること

で，新しい製品や技術の開発を共同で行う。

　共同研究の目的としては，学習機会の確保や効率化（重複研究の回避や，利用機材の融通，人材の融通），技術の標準化が考えられる。

　学習機会の確保では，お互いの人材が交流することで，自社では学びにくい開発や研究手法を獲得することが可能になる。この場合，相手企業への出向なども含まれる。特定の技術確保が目的の場合，当該技術を保有する人材のリクルートも1つの方法である。しかし，開発・研究が細分化されているような状況では，個人の持つ知識だけでは不十分であり，有機的に一体となった組織の知識が必要となることがある。その際，提携という形で組織同士のつながりが有効である。

　効率化の観点では，両社で同種あるいは全く同じ内容の開発・研究に取り組んでいる場合，その効果が期待できる。

　技術の標準化とは，特定の製品・製品群において，統一された規格を生み出すことを指す。複数社の連合が統一した規格で製品を生産し，その製品において標準的な規格となることを目指す。その際，自社だけで行うよりも，より多くの企業と協力し広く普及させるほうが効率的である。例えば，1970年代に家庭用ビデオレコーダーの規格として，VHS規格やベータ規格といった規格があった。当時，この2つはそれぞれ複数社が協力し，規格の普及を目指していた。製造側のメリット・デメリットも要因の1つではあるが，よりユーザーに受け入れられ，普及が進んだVHS規格が最終的に勝利し，家庭用ビデオの代名詞となった。このように技術（規格）の標準化を目指すために，共同での開発が考えられる。

　これらの目的達成のために，どのような相手と組むか，特に相手がどのような資源を保有しているかを考えなければならない。また，近年では新しいサービス・製品の開発を目指し，外部のアイデア・技術などを取り込む活動が増えてきている。その方法として，オープンイノベーションが挙げられる。

　オープンイノベーションとは，組織内部のイノベーションを促進するために，組織外の技術やアイデアを取り込み，新しい価値を創造する手法である。対義

語であるクローズドイノベーションは，従来から行われている企業内完結の手法を指している。

　このような事象の背景として，多くの企業で新商品あるいは新規事業のネタ探しに苦労しているといった点が挙げられる。大企業の社内だけでは新しいアイデアが出てこない状況とは裏腹に，近年ベンチャー企業の台頭が多数ニュースで取り上げられており，ベンチャー企業の技術やアイデアを活用しようといった流れが増えてきている。その際，大企業同士のM&Aとは異なる，CVC（コーポレートベンチャーキャピタル）を活用する方法が増えてきている。

　CVCとは，ベンチャー企業への投資を目的に設立された投資専門子会社である。もちろん，従来どおり大企業自ら直接ベンチャー企業へ投資する方法もあるが，一般的に企業が大きくなると，意思決定に複数プロセスを経る必要があり，スピード感に欠けてしまう。その点，CVCでは，設立する際に大企業からCVCへ投資権限を委譲させ，ベンチャー企業の求めるスピードで投資判断ができるように設計する。CVCが組成するファンドにある程度の資金を入れ，多くのベンチャー企業にスピード感を持って投資し，その中でシナジーがありそうな企業の株式を大企業が保有するスキームが活用されている。そのため，CVCはメーカーやサービス業，さらには金融業に至るあらゆる業種で活用されている。

　また，CVCを設立せずとも，他社のCVCや独立系VC（ベンチャーキャピタル）の組成するファンドに出資し，めぼしいベンチャー企業があれば紹介をお願いするといった方法もある。ただし，ベンチャー企業の探索が他社主体になり，自社の要望に沿ったベンチャーを探し当てる可能性が低くなってしまう点，課題が残る。

④　生産委託

　生産委託は，パートナーの生産資源を活用する。目的としては，スケールメリットを利かせること，需要のボラティリティに対応すること，設備の陳腐化への対応が考えられる。

　一般的にたくさん生産すれば，その分コストが下がり競争優位性が得られる。そのためには，多額の投資が必要になる。自社だけで投資を負担することが難しい場合の選択肢として生産委託が考えられる。

　また，需要のボラティリティが大きい場合，どのくらいの生産能力を持つ設備を備えておけばよいかの判断は難しい。そこで，需要の波の底値に生産能力を合わせ，それ以上の場合，生産を委託する方法がある。これにより，設備の稼働を高く保つことができる。逆に生産を受託する側は，複数企業から受託することで1社1社のボラティリティを平準化させ，稼働率を保っている。

　他にも，せっかく投資した設備がすぐに陳腐化してしまうという場合は，当該分野の設備は自社保有を最低限にする，あるいは陳腐化しやすい部分を外部に委託することでリスクを抑えることができる。

　また，生産の一部を委託するのではなく，生産の全部を委託するメーカーのことをファブレス企業と呼ぶ。すわなち，メーカーでありながら自らの工場を所有していない。開発，設計，生産，販売，アフターサービスといったバリューチェーンの中で生産をパートナー企業に委託するモデルである。生産資源に投資しないことで，他の機能に経営資源を回すことができる。生産以外の機能に強みを持つメーカーがとり得る選択肢である。加えて，資産を保有しない分固定費を抑え，委託のための変動費にすることができる。固定費が小さいため，需要が落ち込み売上が減少した際のダメージを抑えることも可能である。

＊　＊　＊

　このように業務提携によりシナジーを目論むことができるため，政策保有株式を増加あるいは新規に保有するケースとしては，資本・業務提携とセットで行われることが多い。業務提携のみの場合よりも，資本提携を伴うほうがより関係性が強固になり，共同して行う施策の実効性が上がると考えられる。そのため，資本・業務提携といった目的がある場合，政策保有株式を維持あるいは買い増しや新規保有する合理的な説明になると思われる。今回のコーポレートガバナンス・コードの改訂を受けて，各社，何も理由なく政策保有株式を買い

増すことは難しいと考えているようである。ただし，自社のグループの一員と
なるまで買い増してグループ企業として経営する場合は，後記(3)で検討する。

　また，コーポレートガバナンス・コードだけではなく，2019年3月31日以後
に終了する事業年度に係る有価証券報告書から，株式の保有状況（政策保有株
式を含む）の開示が変わった。それに伴い，金融庁から「政策保有株式：投資
家が期待する好開示のポイント（例）」といった形で政策保有株式の開示方法

【図表 4 - 1 】　政策保有株式全体

主な記載項目	投資家が期待する好開示のポイント（例）
保有方針	• 保有先企業のノウハウ・ライセンスの利用等，経営戦略上，どのように活用するかについて具体的に記載 ──「経営戦略を勘案し保有効果を検討している」という記載では不十分 • 保有の上限を設定し記載 ──株主資本をどのように活用できているかという観点が重要であり，保有残高の規模は総資産ではなく株主資本に対する割合で検証することが望ましい • 売却の方針等がある場合は当該方針を記載 • 売却の判断に関する指標があれば当該指標を記載
保有の合理性の検証方法	• 時価（含み益）や配当金による検証だけではなく，事業投資と同様，事業の収益獲得への貢献度合いについて具体的に記載 （例）• 営業取引規模が過去○年平均と比較し○％以上増加等 　　　• ROEやRORA等が○％増加等 （※）　時価（含み益）や配当金による検証だけでは純投資の評価と同じであり，政策保有株式の評価としては別途の検証が求められる点に留意が必要
取締役会等における検証の内容	• 保有方針に沿った検証結果の内容を具体的に記載 ──「保有目的に照らして取締役会において保有の適否を検証」という記載では具体性に欠ける • 取締役会での議論を記載するにあたり，具体的な開催日時や議題等を記載

（出所）　金融庁「政策保有株式：投資家が期待する好開示のポイント（例）」
　　　　　（https://www.fsa.go.jp/news/r1/20191129_2/03.pdf）

【図表4-2】 個別銘柄

主な記載項目	投資家が期待する好開示のポイント（例）
保有目的	• 保有方針に沿って，経営戦略上，どのように活用するかを関連する事業や取引と関連付けて具体的に記載 ——単なる財務報告のセグメント単位や，「事業取引」・「金融取引」といった大括りでの説明，「企業間取引の維持・強化のため」・「地域発展への貢献」という記載は抽象的で不十分 • 株式を相互持合いしている場合，その理由を具体的に記載
定量的な保有効果	• 前頁「①政策保有株式全体」の「保有の合理性の検証方法」で定めた指標に対する実績値とその評価について記載 （※） 時価（含み益）や配当金による検証だけでは純投資の評価と同じであり，政策保有株式の評価としては別途の検証が求められる点に留意が必要 （定量的な保有効果の記載が困難な場合） • どのような点で定量的な測定が困難だったかを具体的に記載 • 経営戦略上，どのように活用するかを具体的に記載 （※） 仮に営業機密について言及する場合でも，どのような点が営業機密となるか等について記載
増加の理由	• 「配当再投資による取得」や「取引先持株会による取得」といった取得プロセスに関する記載に留まらず，保有先企業のノウハウやライセンスの利用等，経営戦略上，どのように活用するかを具体的に記載 ——「取引関係の強化」といった記載では不十分
発行者による当社株式の保有の有無（相互持合いの有無）	• 上場持株会社の株式を政策保有している場合には，当社株式の保有相手方がその持株会社の傘下会社であったとしても，実質的に相互保有の関係にあるとみなし，参考情報として脚注等でその保有の有無を記載

（出所） 金融庁「政策保有株式：投資家が期待する好開示のポイント（例）」
（https://www.fsa.go.jp/news/r1/20191129_2/03.pdf）

が公表されている。その際，政策保有株式全体と個別銘柄に分けて開示が必要であり，公表資料ではそれぞれ主な記載項目とそのポイントをまとめている（図表4-1，図表4-2）。

　政策保有株式について，企業目線で検討していたが，今度は株主目線，具体

的には議決権行使助言会社の議決権行使基準を把握する。議決権行使助言会社とは，企業の株主総会に提出される議案を独自に分析し，主に機関投資家に向けて議決権行使に対する意見（賛成や反対）を助言する会社である。機関投資家は，議決権行使助言会社の意見を参考に議決権を行使する。そのため，株主の意見として無視できない影響力を持つと考えられる。有名な会社としてインスティテューショナル・シェアホルダー・サービシーズ（ISS）とグラス・ルイスがある。まずは，ISSの「2020年版　日本向け議決権行使助言基準」に政策保有に関する見解が記載されている。

「日本では事業上の関係維持のため，純投資目的以外の目的で他企業の株式を保有する慣習が広く見られるが，このような株式の政策保有，特に株式の持ち合いの下では資本の空洞化が生じる。また，常に会社提案議案に賛成する一方で株主提案には反対するように議決権が行使されるため，市場による規律の低下が懸念される。政策保有株式の相手企業出身の社外役員に独立性があると判断することは困難である」

このように，政策保有株式に対しては，市場による規律の低下からネガティブな反応を示している。この意見を議決権行使に反映するために，政策保有株式の保有先からの独立社外役員の独立性を否定している。この議決権行使助言基準は，2020年2月1日以降に適用されている。

また，グラス・ルイスの「2020 PROXY PAPER GUIDELINES」において過剰な株式持ち合い（EXCESSIVE CROSS-SHAREHOLDING）についての記載がある。

「日本独特の市場慣行の一つである企業間の株式持ち合いは，上場企業の株式の経済的価値をその議決権割合から引き離すものであり，経営陣を資本市場のプレッシャーから守る役割を果たしている。また，経営側の説明責任の低下，不十分な危機管理能力や非効率的な自己資本管理政策等の原因にもなり，さら

に敵対的買収の回避にも寄与していると考えられている。通常，企業側は，株式持ち合いが企業政策上，必要不可欠なものであると主張するが，株式持ち合いがもたらす利益は，数量化することが困難であり，明確に示されることがない。グラス・ルイスは，企業が買収防衛策の導入に加えて，過剰な株式持ち合いを行っている場合，経営陣が株主価値を軽視し，株主のコストで自身の保身を図っているとみなす。そのため，買収防衛策を導入している企業が，さらに，過剰な株式持ち合いを行っていると判断した場合，経営陣による過度な防衛策の導入であると判断し，会長（会長職が存在しない場合，社長またはそれに準ずる役職の者）に対して，反対助言を行う」

　このように，グラス・ルイスの議決権行使助言基準においても株式持ち合い（政策保有株式）に対してネガティブな反応を示している。議決権行使に反映する方法として，過剰な株式持ち合いを買収防衛策の1つとみなし，併せて買収防衛策を導入している場合は，経営陣による過剰防衛と判断し，反対助言を行使することとしている。

　また，株主目線から考えても，政策保有株式の保有については否定的な見方をしており，あえて維持や買い増しをする場合，合理的な理由の説明が必要であることがわかる。

　もともと，日本において株式の政策保有は，商習慣の一環として多用され安定株主確保の手法として考えられてきた。一方で安定株主が増えることで，株主からのけん制が働きにくくなり，株主の利益に資する経営がなされなくなっていった。その結果としてのROE低下が指摘されている。また，今までの企業経営の指標としては利益率などP/L関連のものが中心であったが，近年では資本コストまで踏まえた経営が求められるようになってきている。これらの事情に鑑みると，政策保有株式の検討においては，ガバナンスの観点および収益性の観点から現状の保有を見直すべきである。ただし，その方針は縮減を基本とし，合理的な理由がある場合は維持あるいは買い増しや新規保有するといった内容であることが近年の潮流であることに留意が必要である。

⑶　グループ経営（子会社化）目的

　政策保有株式を買い増し，グループ会社化する場合を検討する。前提として，株式の保有割合ごとの主な支配権の内容をまとめる（**図表4-3**）。ただし，株式持ち合いにおいて，議決権総数25％以上を保有されている場合，保有している会社に対する議決権を行使できなくなる点に注意が必要である。また，子会社はその親会社の株式を取得できず，すでに保有している場合も相当の時期にその有する親会社株式を処分しなければならないとされている。そのため，グループ経営（子会社化）目的を検討する場合は，一方が，他方を支配するようなケースを想定する。

【図表4-3】　株式の保有割合ごとの主な支配権

類　型	議決権比率	支配権等の概要
完全子会社	100％	総会特別決議を単独で可決できる
子会社	3分の2超100％未満	
	50％以上3分の2未満（40％以上でも一定の要件を満たせば）	総会普通決議を単独で可決できる財務諸表が連結される
関連会社	3分の1以上50％未満	総会特別決議を単独で否決できる
	20％以上3分の1未満（15％以上でも一定の要件を満たせば）	持分法損益の計上
－	20％未満	（保有する議決権に応じた少数株主権）

　検討項目は大きく，会計・税務上の論点および戦略上の論点で分けて考えることができる。まずは，会計・税務上の論点として以下が考えられる。各制度については，概観するにとどめる。

①　受取配当金益金不算入枠の拡大
②　グループ法人税制または連結納税の活用

③　連結財務諸表

①　会計・税務上の論点
(i)　受取配当金益金不算入枠の拡大

　受取配当金益金不算入とは，受取配当金は会計上営業外収益に計上されるが，法人税申告書において必要な調整をすることで法人税法上は益金に算入しなくてもよい制度である。ただし，保有する持株比率に応じて不算入にできる金額が変わってくる（**図表4-4**）。持株比率が大きくなるほど，益金不算入にできる金額も大きくなる。保有株式を買い増して，株式の保有割合を増加させることで税務上のメリットを享受することができる。

【図表4-4】　益金不算入額

区　分	持株割合	益金不算入額
完全子法人株式等	100％	受取配当金の全額
関連法人株式等	3分の1超	受取配当金の全額－負債利子
その他の株式等	5％超3分の1以下	受取配当金の50％
非支配目的株式等	5％以下	受取配当金の20％

(ii)　グループ法人税制または連結納税の活用
ア　グループ法人税制

　グループ法人税制または連結納税について，両者は完全支配関係のあるグループを一体とみなす制度である。両者とも完全支配関係にある法人グループを対象としており，直接保有による完全支配関係のみではなく，間接保有を含めた完全支配関係のある法人が対象となる。グループ法人税制は，要件を満たす法人に強制適用される。具体的な内容は，完全支配関係にある法人間での資産の譲渡などが行われた場合，税務上損益を認識しないなどである。これは，完全支配関係のある法人グループを一体の法人とみなしているからである。大きなメリットとして，グループの法人間で資産などを移動し，経営資源を適正

に配置する際に税負担が発生しないことである。具体的には，下記のような取引に対して一定の措置が与えられる。

（ア）完全支配法人グループ内で対象となる資産の譲渡（固定資産や有価証券など）に係る損益を繰り延べる
（イ）完全支配法人グループ内での寄附金について，支出側は損金不算入，受領側では益金不算入となる
（ウ）完全支配法人グループ内で受取配当金益金不算入（前掲図表 4 - 4 における持株割合100％の場合に該当）
（エ）完全支配法人グループ内での現物配当（現物分配）を行う場合，簿価譲渡（適格現物分配に該当）となる（通常適格現物分配に該当しない場合は，時価で譲渡される）
（オ）完全支配法人グループ内で，株式をその発行法人に譲渡（自己株式を取得）する際，譲渡に係る損益を計上しない

　このように，完全支配関係があれば法人間での資産などの取引が行いやすくなり，グループとしての最適な資源配分を行いやすくなる。
　一方で，デメリットも存在する。資本金 1 億円以下の中小企業には税務上の優遇措置があるが，完全支配法人グループ内の中小企業は，親会社が資本金 5 億円以上であれば，中小企業に係る税制優遇が適用されない。具体的には以下の 5 つが該当する。

（ア）法人税の軽減税率
（イ）交際費の損金不算入制度における定額控除制度
（ウ）貸倒引当金の法定繰入率による損金算入制度
（エ）特定同族会社の特別税率の不適用
（オ）欠損金の繰戻しによる還付制度

　上記のようにグループに加わる企業が中小企業の場合は，税務上の優遇措置が得られなくなる点に注意が必要である。

イ　連結納税制度

　グループ法人税制に類似の制度として連結納税制度がある。こちらはグループ法人税制が要件を満たせば強制適用されることと対照的に，要件を満たした際に任意（国税庁長官の承認を前提）に適用要否を選択できる（継続適用が前提）。制度の概要としては，連結親法人とその連結親法人と完全支配関係にある内国法人（連結子法人）で構成されるグループ単位でまとめて（グループを1つの法人とみなして）納税する制度である。なお，連結納税の対象となる連結子法人は任意に選択できない。計算の際には，各法人の損益（所得）を足し合わせ，そこからいくつかの調整および欠損金控除を行った額が連結所得となる。大きなメリットとしては，損益通算によりグループ内の赤字や欠損金を有効活用できる点がある。また，上記「ア　グループ法人税制」で挙げたメリットも同様に享受できるため，グループ内での機動的な経営資源の再配分に資する。一方で，連結納税のデメリットとして以下が考えられる。

（ア）グループ法人税制適用の際のデメリットと同様に，中小企業に係る税制優遇が親会社の資本金を基準に判断される。その資本金が1億円以上であれば，税制優遇は受けられない
（イ）連結納税開始時あるいは連結納税に新たに加わる企業は，固定資産などを時価評価し，評価損益を計上しなければならない（一部例外あり）
（ウ）完全子会社の連結納税開始あるいは加入前に生じた欠損金の引継ぎに一部制限がある

　連結納税制度の導入の有無自体，様々なメリット・デメリットがある。制度を導入していない場合は，当該検証とセットで行うため多大な労力を要する。一方で，すでに導入している企業グループの場合，出資先を100％子会社とし

てグループに迎え入れれば，強制的に連結納税制度が適用される点は，保有比率の検討において大きな論点となり得る。

(iii)　連結財務諸表

連結財務諸表については，会計上のメリット・デメリットとして考える。

まず，政策保有株式の保有先が連結子会社となった場合を考える。会計上は，連結子会社の損益計算書および貸借対照表を親会社の財務諸表に連結（全部連結）し，非支配株主持分を控除する。その際，連結子会社の利益が芳しくない場合は，直接親会社の損益に影響を与える。また，貸借対照表も連結されるため，資産や負債が大きくなる。近年，活用され始めた指標として，ROEやROICの分母は貸借対照表に計上された金額を基礎とする。連結子会社の資産効率が悪ければ，これらの指標も悪化する。

持分法適用会社の場合，その損益を親会社の営業外損益に計上（一行連結）される。そのため，出資先の損益が，グループの損益に影響する。一方で，貸借対照表には連結されないため，資産および負債ならびに純資産が大きくなることは防げる。ROEやROICに対しては，損益が一行連結されるだけであり分子のみの影響にとどまる。

政策保有株式を買い増してグループ入りさせる際は，保有先の損益だけではなく，資産の大きさを考慮し，各種指標（損益計算書だけで完結する利益率などだけではなく，ROEやROICなど貸借対照表の数字まで織り込んだ指標）がどのような影響を受けるかまで検討の範囲とすることが望ましい。

②　戦略上の論点

戦略上の論点としては，業務提携で目的を達成できるか否かが考えられる。ある特定の経営資源だけ必要なときは，当該企業をグループとして迎え入れる必要はない。あくまで，その経営資源を活用するための契約（業務提携）だけすればよい。逆に経営資源がセットになった状態で必要であるならば，グループに迎え入れるメリットが大きい。経営資源がセットになっている状態とは，

各経営資源が有機的に結びついた「企業」あるいは「事業」を指す。企業そのものが必要な場合もあれば，特定の事業だけが必要な場合もある。その場合は，その事業を分割し，自社に取り込むといった手法になる。

　グループに迎え入れる際のリスクの観点から検証する。経営資源の塊が大きいほど，その中に見えないリスクが潜んでいる危険性が高い。そのため，必要な経営資源以外を取り込む場合は，その分リスクも取り込んでいることに注意が必要である。一般的に，事業を取得するよりも企業を取得するほうが取り込むリスクは大きい。

　「一応」，買収時にDD（デューデリジェンス）および表明保証によりリスクを遮断する回避行為を取るのが通常である。

　DDの種類としては，ビジネス，会計・税務，法務が主な対象であり，必要に応じて環境や人事などのDDも行われる。DDの目的自体は，バリュエーションの基礎となる事業計画の精査や，リスクの把握，シナジーの検討などである。リスクという観点では，買収を取りやめるべきノックアウトファクターから，顕在化の可能性が高い簿外債務，可能性の域を出ないものまで検証する。

　また，DDは，限られた時間かつ限られた情報開示の中で行われることが多い。必要な情報について依頼をかけるが，当該情報がない，ローデータしかないため成形に時間を要する，開示要求された資料が多く開示に手間取っている，あまり当該資料を開示したくないなどの理由により，調査側の想定したスケジュールで開示されない，あるいは開示情報が得られないなどがある。「一応」としているのは，そうした買収という性質上限界がある点，およびその時点とその時点から想定される将来のリスクに対しての把握しかできないということに起因する。特に，買収時は限られた時間，限られた情報開示の中で行われるため，すべてのリスクが把握できるわけではない。もちろん表明保証という形で，売り手に対して財務などの一定の事項が真実かつ正確であることを表明させ保証させるが，それでも売り手企業が把握していない事象など，表明保証にも限界がある。また，DD段階から想定される将来のリスクしか検討できないため，買収後に新たに当該企業に発生したリスクはその時点ではわからない。

　そのため，買収後にセカンドDDを実施する，グループ内部統制システムを構築するなどリスクマネジメント上の工夫が必要である。グループの一員になれば，DD時のFA（ファイナンシャルアドバイザー）を介したやりとりではなく，直接コミュニケーションが取れる状況になる。そこで，DD時には把握しきれなかった内容を中心にセカンドDDという形で実施する方法がある。セカンドDDは，リスク把握といった観点だけでなく，相手企業と一緒に事業計画やシナジー案をブラッシュアップするという目的もある。

　内部統制システムについては，会社法362条4項6号にて，取締役会が取締役に委任できない決定事項として「取締役の職務の執行が法令及び定款に適合することを確保するための体制その他株式会社の業務並びに当該株式会社及びその子会社から成る企業集団の業務の適正を確保するために必要なものとして法務省令で定める体制の整備」という規定がある。会社法上の大会社は，これらの事項を定め，取締役会で決議しなければならないとされている。

　すでに買収先が内部統制システムを構築している，という状況は多分にあるだろう。しかし，今回考えたいのは，個社の内部統制システムではなく，グループを規律するグループ内部統制システムの構築である。会社法362条4項6号の後半にも「当該株式会社及びその子会社から成る企業集団の業務の適正を確保するために必要なものとして法務省令で定める体制の整備」とあるように，子会社まで含めた自社グループの内部統制システムにまで言及している。

　ここで，グループ内部統制システムについて決議するということは，子会社の内部統制システム自体について指示・命令し，子会社の内部統制システムについて親会社で決議をすることを指すのではなく，グループ全体での内部統制システムといったグループ全体に作用する内部統制システムを定めることを指している。すなわち，グループの個社（子会社など）で内部統制システムがすでにあったとしても，それとは別にグループの内部統制システムを構築することを指す。もちろん，多くの会社はすでに子会社を保有しているため，グループ内部統制システムについての方針を取締役会で決議しているはずであるが，買収に際して改めて検討するほうがよいと考える。

　特に，今まで子会社は自分たちで設立しただけで，今回の買収がはじめての場合は，特にグループ内部統制システムの見直しが必要である。はじめから自社で仕組みを整えた会社と違い，買収した会社は仕組み自体が自社とは異なり，また自社ですべてを把握しきれていないこともある。より一層踏み込んだ仕組みの構築が必要となる。以下，会社法で求められている，内部統制システムの整備についてまとめる。

- 取締役の職務の執行に係る情報の保存および管理に関する体制
  - ——取締役会での決議事項や報告事項が適法に議事録として作成保管される仕組みの構築
- 損失の危機の管理に関する規程その他の体制
  - ——リスク管理に関する規程の整備
  - ——リスクの識別・評価・対応に関して，社内的な仕組みの確立
- 取締役の職務の執行が効率的に行われることを確保するための体制
  - ——取締役会での権限・責任・運営等について取締役会規程で明確化
  - ——財政状態・経営成績や重要な契約上，検討に重要な情報が十分かつ適時に取締役会のメンバーに報告される仕組みの確立
- 使用人の職務の執行が法令および定款に適合することを確保するための体制
  - ——取締役会での権限・責任・運営等について取締役会規程で明確化
  - ——財政状態・経営成績や重要な契約上，検討に重要な情報が十分かつ適時に取締役会のメンバーに報告される仕組みの確立
- 当該株式会社ならびにその親会社および子会社から成る企業集団における業務の適正を確保するための体制
  - ——グループとしての方針の明確化（リスク管理，コンプライアンス等）
  - ——グループ企業の情報連絡体制の明確化

（監査役設置会社）
- 監査役がその職務を補助すべき使用人を置くことを求めた場合における当

　　該使用人に関する事項

　　　──監査役室などの専門部署の設置

　　　──専任者および兼務者の地位と職務の明確化

・使用人の取締役からの独立性に関する事項

　　　──監査役室（専門部署）メンバーの人事評価は，監査役の同意を得る

　　　──監査役室（専門部署）メンバーを取締役の指揮命令系統の外に置く

・取締役および使用人が監査役に報告をするための体制その他の監査役への
　報告に関する体制

　　　──取締役や従業員が，定期的な会議体で監査役に事業の報告を行う

・その他監査役の監査が実効的に行われることを確保するための体制

　　　──アドバイザーとして弁護士や公認会計士その他コンサルタントを独自
　　　　に任用

　　　──監査役が独自の判断で重要な決裁書や書類等を閲覧できる仕組みを確立

　そこで，こうしたグループ内部統制システムを実効的に構築・運用するための仕組みとして，3線ディフェンスの導入の検討が必要と考える。そもそも3線ディフェンスとは，COSO（Committee of Sponsoring Organizations of the Treadway Commission：トレッドウェイ委員会支援組織委員会）「内部統制の統合的フレームワーク」において示されている考え方であり，組織を3つに分け，それぞれの役割に応じたリスク管理を行う手法である。

　第1線の事業部門では，リスクオーナー（リスクテイクの主体）として，現場におけるリスク管理を実行する。現場は，事業の推進において様々なリスクが発生する場所であり，そのリスクの直接的な管理が必要である。リスクを洗い出し，評価・低減させることが求められている。第2線の管理部門では，事業部門（第1線）の支援やけん制機能を担当する。現場が行っているリスク管理手法が適切であるか，リスクマネジメントのプロセスが適切に設計されているか，そしてその仕組みが適切に運用されているかを各部門の専門的な視点（法務や財務など）からサポートおよび監視・けん制することが求められてい

る。第3線の内部監査部門では，第1線と第2線の有効性を監査する役割を担っている。第3線の内部監査部門は，第1線と第2線から独立した立場から第1線と第2線のリスク管理が適切に運用されているかの有効性について評価し，マネジメントに報告する。また，評価の過程で必要な助言等を提供する。

　3線ディフェンスの構築において留意すべき点は，第2線と第3線の独立性の確保である。そのために，組織図上の独立性，レポートラインや人事評価権の分離などが必要となる。また，3つの部門それぞれに役割があることから，内部統制システムにおいて，どこか1つの部署のみがリスクを管理することは適切ではないように見える。いくら，会社全体のリスク管理として，リスク所管部門の設置や，リスク管理委員会の設置などの工夫を行っても，現場でのリスク管理が不十分であれば，内部統制システムに不備があると言わざるを得ない。逆に，3つの部門にリスク管理機能を持たせていても，役割分担が適切になされておらず，重複や抜け漏れがあった場合も適切な内部統制システムの構築ができていないことになる。

　グループ内部統制システム構築を検討するにあたって，経済産業省コーポレート・ガバナンス・システム研究会「グループ・ガバナンス・システムに関する実務指針」によると下記のような2種類の方向性がある。

(i)　監視・監督型（子会社ごとの体制整備・運用を基本としつつ，各子会社における対応が適切に行われているかを親会社が監視・監督）

(ii)　一体運用型（子会社も親会社の社内部門と同様に扱い，親会社が中心となって一体的に整備・運用）

　実際に子会社といっても役割や機能，規模も様々であるため，子会社側の状況に応じて(i)と(ii)のどちらか，あるいは組み合わせて構築することが必要である。その際，その検討は子会社ごとに行うことが想定される。

　(i)あるいは(ii)のどちらで構築するにせよ，グループ内部統制システムの実効的な構築・運用のために，グループレベルでの3線ディフェンス構築が必要と

考える。グループレベルの第2線と第3線は，親会社（グループ本社）の管理部門や内部監査部門が担うことになる。グループレベルの第1線については，親会社の事業部門およびそれらに紐づく子会社全体が対象となる。そのため，事業系の子会社は，個社の中で第1線から第3線の体制を構築しつつ，グループ全体で見れば，グループの第1線としての役割を担うことになる。現場でのリスク管理を強化する場合は，個社単位の第1線だけではなく，グループレベルの第1線の強化が必要になる。そして，これがグループ内部統制システムを活用したグループレベルでのリスク管理である。

　柔軟性の観点から，経営環境の変化などにより目論んでいた事業が不調になった場合，当該事業を継続することは経済合理性に欠ける。相手企業を買収した場合，当該事業を止める，あるいは見直すことは，買収した企業を手放すことと同義である。売り手と再度交渉し，やっぱり買うのを止めますということはできない。一方で，業務提携の場合，契約内容を状況に応じて見直すことも多く，様々な状況に柔軟に対応できることが多い。契約を破棄する場合は，ペナルティを科されることもあるが，それでも見直せる可能性がある。すなわち，買収よりも業務提携のほうが柔軟な対応が可能である。

　資本の論理から，買収した企業の資源は，比較的自由な活用が可能である。逆に単なる業務提携の場合は，両社は独立した組織であり，互いの経営資源を活用する前に両社の利害の調整に時間がかかることが想定される。すなわち，単なる業務提携よりも買収するほうが，当該資源を活用した事業のスピードが速い。

　上場会社を子会社化し，上場維持させる場合は，いわゆる上場子会社と呼ばれる。この上場子会社については，一般株主と親会社の間に利益相反リスクが含まれている。そのため，上場子会社とするか否かの検討には，上場子会社のガバナンスのあり方を踏まえての検討が必要となる。また，上場子会社に限らず，支配株主以外の一般株主を有する場合は，同様の課題構造が存在する。支配株主の定義については，有価証券上場規程2条42号の2によると「親会社又は議決権の過半数を直接若しくは間接に保有する者として施行規則で定める者をいう」とされている。まずは，上場子会社に対する一般的なメリット・デメ

リットを整理する。メリットは下記のように整理できる。

(i) 上場により得られる信用から，社員のモチベーション向上，人材確保時の訴求のしやすさ，取引時の信用，ブランド価値向上が期待できる

(ii) 市場から独自に資金調達が可能であるため，成長が加速する

(iii) グループ内完全子会社から上場させる場合，コングロマリットディスカウント[4]により評価されていなかった事業の価値が顕在化する（コングロマリットディスカウントの部分的な解消）

(iv) 子会社を上場させる際，株式の売却により多額の資金を得られる

一方，デメリットは下記のように整理できる。

(i) 上場させる/維持するために必要なコストがかかる

(ii) 一般株主への配慮が必要となる

(iii) 独立した経営が必要となるため，グループの全体最適が図りにくい（シナジーの発揮など）

メリット・デメリットをまとめると，遠心力を利かせ自律的に経営させる，あるいは求心力を利かせてグループ全体最適を図るスタイルのどちらを求めるのかに帰着する。しかし，このようなメリット・デメリット以上に注意しなければならない事項として，親会社と上場子会社の一般株主間の利益相反構造がある。具体的には，親会社と子会社で直接取引などが発生する際，親会社に有利な取引内容となる場合がある。グループ全体で見れば全体最適を図る内容だとしても，上場子会社から見れば自社の利益を損なう内容となっている。その場合，上場子会社の一般株主にとっては，投資先の企業価値を損ねる行為と捉えられる。他にも，資金需要のある親会社が子会社から調達資金を吸い上げ，

4　コングロマリット（複合企業）の企業価値が，各企業の企業価値よりも小さくなっていること。

適切な利子を付さないなど，様々な取引ケースが想定される。

　このような課題に対する対応として，上場子会社として独立した意思決定ができるような仕組みおよびガバナンス構築が必要となる。その際，重要な役割を担うのは，独立社外取締役であると考えられる。独立社外取締役が，重要な利益相反取引について審議・検討する仕組みが構築されていれば，一般株主の利益に資するのではないかと考えられる。このような問題点は2019年6月21日に閣議決定された「成長戦略実行計画」においても指摘されている。それらを受けて，東京証券取引所では上場子会社のガバナンスの向上等に関して，いくつかの上場制度の整備が行われた（2020年2月実施）。上場子会社ガバナンスに関する事項は2つあり，1つ目は「独立役員の独立性基準の強化」，2つ目は「グループ経営の考え方等の開示の充実」となっている。社外役員の独立性基準に関しては，会社法および東証の上場規則に定められている。今回は，後者の内容がより厳格になった。まずは，会社法と東証の独立性基準のうち，親会社に関係がある記述を整理する。

　会社法において，独立性基準のうち親会社に関する記載は下記のようになっている（会社法2条15号ハ）。

「当該株式会社の親会社等（自然人であるものに限る。）又は親会社等の取締役若しくは執行役若しくは支配人その他の使用人でないこと」

　東証の「上場管理等に関するガイドライン」において，独立性基準のうち，親会社に関するものとして下記を定めている。

「cの2　その就任の前10年以内のいずれかの時において次の（a）又は（b）に該当していた者
（a）　当該会社の親会社の業務執行者（業務執行者でない取締役を含み，社外監査役を独立役員として指定する場合にあっては，監査役を含む。）」

　会社法では，親会社の取締役と記載しているように，あくまで現在の状態のみを独立性の根拠としている。ただし，子会社の業務執行者については，10年間クーリングオフ期間（待期期間）が設けられている。一方で，2020年2月に改正された上場管理等に関するガイドラインでは，現在親会社の業務執行者であるものだけではなく，過去10年以内に所属していたものまで対象となった。

　併せて，グループ経営の考え方等の開示が必要になり，その中で上場子会社を有する意義および上場子会社のガバナンス体制の実効性確保などの考え方を開示しなければならなくなった（2020年2月改正の東証有価証券上場規程施行規則）。

　「コーポレート・ガバナンスに関する基本的な考え方及び資本構成，企業属性その他の新規上場申請者に関する基本情報（支配株主を有する場合は，当該支配株主との取引等を行う際における少数株主の保護の方策に関する指針を含み，上場子会社を有する場合は，グループ経営に関する考え方及び方針を踏まえた上場子会社を有する意義及び上場子会社のガバナンス体制の実効性確保に関する方策を含む。)」

　このように，上場子会社を保有する場合，一般株主の利益を損なわないように，上場子会社のガバナンス体制の構築が今以上に求められるようになってきている。政策保有株式を買い増して，グループインする中で，上場を維持することは1つの選択肢であるが，このような問題が指摘されている点に留意しなければならない。

第5章

不動産マネジメントの
ポイント

　企業不動産の投資効率を上げることを通じて，企業価値を向上させるため，企業不動産に着目した経営戦略が脚光を浴びている。CREとはCorporate Real Estateの略で，企業が使用するすべての不動産を含む概念であり，企業においてはCREを企業価値の向上につなげていくことが求められている。

　本章では，まず最近の統計データをもとにCREに対する企業の意識と行動を概観してから，各企業が不動産戦略を実践する意義や目的，導入の効果を考察している。次にCRE戦略マネジメントサイクルを提示し，各プロセスにおける実施事項を説明している。そして，最後にCSRやESGをテーマとして，今後CRE戦略に求められる視点を提示している。

1 ▎CREに対する企業の意識と行動

(1)　土地の所有・賃借に対する意識

　近年の不動産市場の動きを見ると，オフィス市場は空室率の低下が続いており，また訪日外国人客数の増加に伴いホテル市場も活況が続いている。また，電子商取引（EC）の拡大で物流施設市場も稼働率が上昇している。

　一方で，経済環境に目を向けると，米中貿易摩擦激化や英国のEU離脱問題，消費税の増税，新型コロナウイルス感染症の影響など不透明な要因も少なくな

い。グローバルな視点としては，ESG投資や「持続可能な開発目標（SDGs）」の重要性が叫ばれ，企業は社会や地域の課題を解決させるためにCRE戦略をいかに活用すべきかを再考すべき時期に来ているといえる。

　はじめに，このような外部環境の変化を踏まえて，不動産に対する企業の意識はどのように変遷してきているのか，その実態を国土交通省の調査をもとに，数字で確認することとしたい。

　まず，今後，土地・建物について，所有と借地・賃借では，どちらが有利になると思うかについて聞いたところ，今後，「所有が有利になる」とする企業の割合は40.4％（前年度対比1.2ポイント減）となった。

　一方，今後，「借地・賃借が有利になる」とする企業の割合は37.3％（前年度対比1.2ポイント減）となった（**図表5-1**）。

【図表5-1】　今後の土地所有の有利性についての意識

	所有が有利になる	借地・賃借が有利になる	その他
平成26年度	44.7	36.5	18.8
27	45.0	35.4	19.5
28	38.7	39.9	21.4
29	41.6	38.5	19.9
30	40.4	37.3	22.3

■ 所有が有利になる　□ 借地・賃借が有利になる　■ その他

（出所）　国土交通省「土地所有・利用状況に関する意向調査」（平成30年度）

　企業により，「所有」と「借地・賃借」の有利・不利に対する判断が分かれていることがわかる。

　また，今後，所有が有利になる理由については，「事業を行う上で，自由に活用できる」が54.0％（前年度対比1.8ポイント増）と最も多く5割を上回った。次いで「土地は滅失せず，資産として残る」が47.9％（前年度対比5.1ポイント減），「コスト面を考えると，所有の方が有利」が28.9％（前年度対比3.0ポイント減），「土地は他の金融資産に比べて有利」が28.5％（前年度対比2.8ポイント増）となった（**図表5-2**）。

【図表5‐2】　今後，所有が有利になる理由（複数回答）

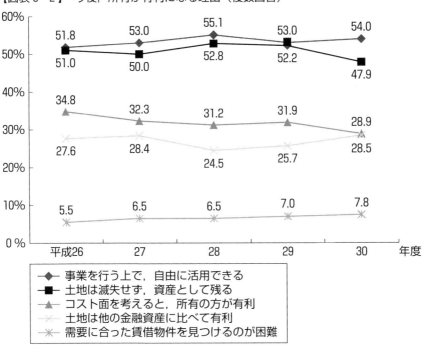

（出所）　国土交通省「土地所有・利用状況に関する意向調査」（平成30年度）

　一方，今後，借地・賃借が有利になる理由については，「事業所の進出・撤退が柔軟に行える」が50.1％（前年度対比8.4ポイント減）と最も多く，次いで「コスト面を考えると，賃借の方が有利」が47.1％（前年度対比0.6ポイント増），「初期投資が所有に比べて少なくて済む」が30.7％（前年同比），「土地は必ずしも有利な資産ではない」が27.0％（前年度対比0.1ポイント減）となった（**図表5‐3**）。

【図表5-3】 今後，借地・賃借が有利になる理由（複数回答）

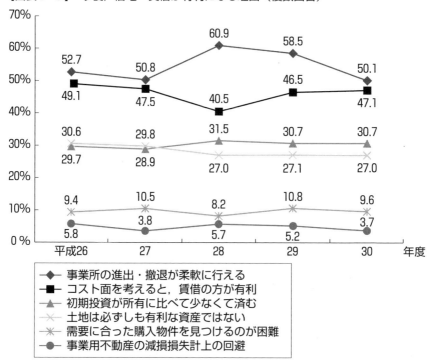

（出所） 国土交通省「土地所有・利用状況に関する意向調査」（平成30年度）

(2)　未利用地の状況

　自社所有地を持つ企業のうち未利用地のある企業の割合は，15.6%（前年度対比2.3ポイント減）となった。平成25年度以降は，平成27年度の過去最低値を除いて15%前後で推移している（**図表5-4**）。

　未利用地となっている理由は，「売却を検討したが，売却に至っていない」が34.0%（前年度対比4.1ポイント減）で最も多く，次いで「利用計画はあるが，時期が来ていない」が25.5%（前年度対比7.4ポイント増），「土地を資産として保有したい」が20.2%（前年度対比1.2ポイント増），「販売用に在庫として確保している」が16.0%（前年度対比3.6ポイント増），「事業採算の見込みが立たな

【図表5-4】　未利用地のある企業の割合

年度	未利用地あり	未利用地なし
平成26年度	14.6	85.4
27	12.5	87.5
28	16.9	83.1
29	17.9	82.1
30	15.6	84.4

□ 未利用地あり　□ 未利用地なし

（出所）　国土交通省「土地所有・利用状況に関する意向調査」（平成30年度）

【図表5-5】　未利用地となっている理由（複数回答）

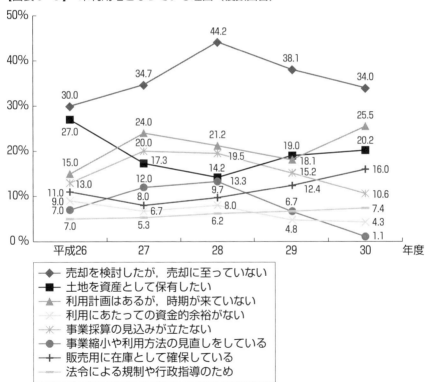

　　　◆　売却を検討したが，売却に至っていない
　　　■　土地を資産として保有したい
　　　▲　利用計画はあるが，時期が来ていない
　　　※　利用にあたっての資金的余裕がない
　　　＊　事業採算の見込みが立たない
　　　●　事業縮小や利用方法の見直しをしている
　　　＋　販売用に在庫として確保している
　　　　　法令による規制や行政指導のため

（出所）　国土交通省「土地所有・利用状況に関する意向調査」（平成30年度）

い」が10.6％（前年度対比4.6ポイント減）となった（**図表5-5**）。

　未利用地の今後の対応策としては，「売却する」が43.2％（前年度対比2.2ポイント増）と最も多くなった。次いで，「当面そのまま」が29.5％（前年度対比3.8ポイント減），「賃貸する」が12.6％（前年度対比2.1ポイント増），「利用計画に従い利用する」が9.5％（前年度対比3.8ポイント減）となった。また，「わからない」は16.8％（前年度対比3.5ポイント増）となった（**図表5-6**）。

【図表5-6】　未利用地の今後の対応策（複数回答）

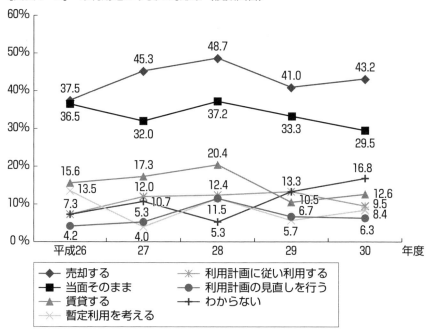

（出所）　国土交通省「土地所有・利用状況に関する意向調査」（平成30年度）

(3)　土地の売買状況

　土地の購入（または購入検討）の目的では「自社の事務所・店舗用地」が30.6％（前年度対比6.7ポイント減）と最も多く，次いで「自社の工場・倉庫用地」が27.6％（前年度対比1.6ポイント増），「賃貸用施設用地」が24.1％（前年

度対比7.9ポイント増），「自社の資材置場・駐車場・その他業務用地」が18.8%
（前年度対比10.1ポイント減）となった（**図表5‐7**）。

　土地の売却（または売却検討）の理由では，「土地保有コストの軽減」が
18.9%（前年度対比3.8ポイント減）で最も多く，次いで「販売用地のため」が
17.9%（前年度対比0.3ポイント減），「事業の資金調達や決算対策」が14.7%（前
年度対比1.7ポイント増）となった（**図表5‐8**）。

【図表5‐7】　土地の購入（または購入検討）の目的（複数回答）

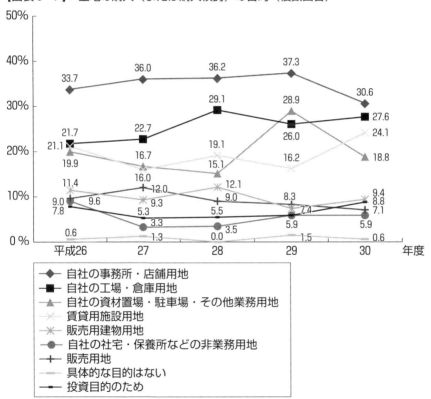

（出所）　国土交通省「土地所有・利用状況に関する意向調査」（平成30年度）

【図表 5 - 8】 土地の売却（または売却検討）の理由（複数回答）

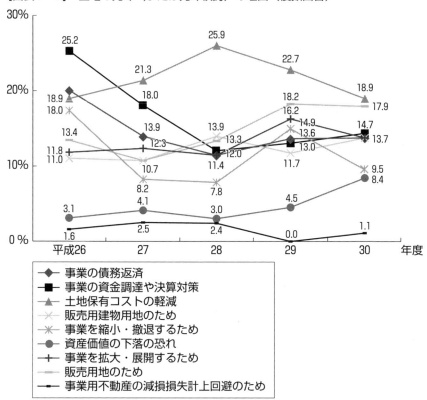

（出所）　国土交通省「土地所有・利用状況に関する意向調査」（平成30年度）

⑷　CREの管理

　やや古いデータであるが，所有・利用する不動産に関する基礎的な情報の管理方法を尋ねたところ，全体では，「一元的にほぼ電子化して管理している」（8.2％）と「一元的にほぼ紙ベースにより管理している」（63.5％）を合わせると，一元的に管理しているとの回答が71.7％と前年度対比9.3ポイント増となった。一方，部局単位以下での管理を行っているとの回答は15.7％と3.8ポイント減となった（図表 5 - 9）。

【図表 5 - 9 】　所有・利用する不動産に関する基礎的な情報の管理方法

区分	一元的にほぼ電子化して管理している	一元的にほぼ紙ベースにより管理している	部局単位またはそれ以下の単位で，ほぼ電子化して管理している	部局単位またはそれ以下の単位で，ほぼ紙ベースにより管理している	電子化による管理と紙ベースによる管理が部局単位またはそれ以下の単位で異なる	その他
全体 (H20)	6.1	52.1	1.3	14.9	4.9	20.7
(H21)	5.4	57.0	1.1	14.0	4.4	18.1
(H22)	8.2	63.5	1.7	10.0	4.0	12.7
2,000万円未満 (H20)	2.8	53.0	0.5	14.8	4.3	24.7
(H21)	3.1	54.1	0.7	13.2	3.6	25.3
(H22)	5.6	64.8	0.8	10.2	3.7	14.9
2,000万円～5,000万円未満 (H20)	4.2	54.8	1.1	15.0	4.0	20.9
(H21)	4.8	60.6	1.1	16.0	4.2	13.3
(H22)	6.4	66.3	1.6	9.9	4.3	11.5
5,000万円～1億円未満 (H20)	12.6	48.2	3.0	13.1	7.5	15.6
(H21)	8.8	66.5	1.5	13.4	2.6	7.2
(H22)	11.7	61.0	4.8	10.8	3.0	8.7
1億円以上 (H20)	18.5	46.8	4.0	16.5	6.9	7.3
(H21)	19.5	44.7	4.1	13.0	14.8	4.1
(H22)	24.9	50.2	4.9	8.0	5.3	6.7

- ■ 一元的にほぼ電子化して管理している
- □ 一元的にほぼ紙ベースにより管理している
- □ 部局単位またはそれ以下の単位で，ほぼ電子化して管理している
- ▨ 部局単位またはそれ以下の単位で，ほぼ紙ベースにより管理している
- ▨ 電子化による管理と紙ベースによる管理が部局単位またはそれ以下の単位で異なる
- □ その他

（出所）　国土交通省「土地所有・利用状況に関する意向調査」（平成22年度）

　資本金規模別に見ると，資本金 1 億円以上では「一元的にほぼ電子化して管理している」は24.9％に達している。

　所有・利用する不動産を一元的に管理する部署の有無を尋ねたところ，全体では，「ない」が57.5％，「ある（設置予定や検討中を含む）」が36.7％であった（図表 5 -10）。

　また，資本金規模別に見ると，「ある（設置予定や検討中を含む）」の割合は規模が大きくなるほど高くなっている。資本金 1 億円以上については，73.8％

【図表5-10】 所有・利用する不動産を一元的に管理している部署の有無

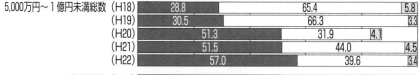

		部署がある	部署がない	その他
全体	(H18)	14.1	79.7	6.3
	(H19)	14.4	80.0	5.6
	(H20)	32.0	60.9	7.0
	(H21)	31.5	62.5	6.0
	(H22)	36.7	57.5	5.8
2,000万円未満	(H18)	8.1	85.5	6.5
	(H19)	6.7	86.7	6.7
	(H20)	16.4	75.9	7.8
	(H21)	19.4	73.4	7.2
	(H22)	25.5	67.9	6.7
2,000万円～5,000万円未満	(H18)	15.8	77.6	6.6
	(H19)	16.3	79.0	4.7
	(H20)	31.1	60.5	8.4
	(H21)	35.2	59.6	5.2
	(H22)	40.8	53.2	5.9
5,000万円～1億円未満総数	(H18)	28.8	65.4	5.8
	(H19)	30.5	66.3	3.3
	(H20)	51.3	31.9	4.1
	(H21)	51.5	44.0	4.5
	(H22)	57.0	39.6	3.4
1億円以上	(H18)	39.9	56.3	3.8
	(H19)	43.0	53.7	3.3
	(H20)	64.5	31.9	3.6
	(H21)	71.5	25.2	3.3
	(H22)	73.8	23.1	3.1

■部署がある　□部署がない　□その他

（出所）　国土交通省「土地所有・利用状況に関する意向調査」（平成22年度）

に達しており，前年度対比2.3ポイント増となっている。

2 ┃ CRE戦略導入の意義

(1) 企業不動産を取り巻く環境の変化

　企業不動産に対する意識は時代とともに変遷してきたが，それを取り巻く環

境も大きく変化している。主なキーワードを挙げると，企業価値，敵対的買収，証券化，REIT，不動産投資ファンド，減損会計，会計基準のグローバル・コンバージェンス，内部統制，土壌汚染，耐震問題，CSR，ESG，オープンイノベーション，経済のグローバル化，IT化・ネットワーク化の進展，5Gなどがある。

　不動産，そして企業を取り巻く環境が急速に変化する激動の時代に対応するため，企業にとって限られた経営資源である企業不動産を経営に最大限有効活用していこうという発想に基づいて生まれたのが，新しい概念「CRE戦略」である。

　不動産の有効活用の必要性は，従来から指摘されてきたところである。しかし，「我が社は不動産に対して戦略性を有して接してきた」と胸を張って言い切れる経営者はまだまだ多くはないと考えられる。

　例えば，地価が低いときに売却し，地価が高いときに購入するという経営判断がなされている。他にも，未利用地や無駄なスペースの発生が放置され，遊休資産の発生を招いている。不動産に関係する問題が企業内外に生じたときに慌てて場当たり的な解決策を考えて，不動産を持つことに意義を感じるだけで資本として有効活用するという考え方がなく，所有不動産の経営コストはタダという認識を持っている。企業内に不動産に対してリテラシーを有する人材スタッフ・組織も不足しており不動産に対する意思決定がバラバラに行われている。これが多くの日本企業の実態ではないだろうか。

　これらの典型的な兆候が示すようなCRE戦略の不在が，結果的に，わが国の企業や社会にとって，余分な不動産コストや実際の損失，そして機会損失を生じさせてきたことは，紛れもない事実である。

⑵　CRE戦略とは

　CRE戦略とは，企業不動産について，「企業価値向上」の観点から，経営戦略的視点に立って見直しを行い，不動産投資の効率性を最大限向上させていこうという考え方である。

CRE戦略は，以下のような方針に基づき，策定される。

① 不動産を単なる物理的生産財として捉えるだけでなく，「企業価値を最大限向上させるための（経営）資源」として捉え，企業価値にとって最適な選択を行う
② 不動産に係る経営形態そのものについても見直しを行い，必要な場合には組織や会社自体の再編も行う
③ ITを最大限活用する
④ 従来の財産管理と異なり全社的視点に立った「ガバナンス」,「マネジメント」を重視する

(3) CRE戦略の意義

CRE戦略が成功した暁には，企業にとってはコスト削減，キャッシュ・フローの増加，経営リスクの軽減，顧客サービスの向上，コーポレート・ブランドの確立などの効果が期待できる。この効果により，利益と成長の両面から企業力は強化され，ひいては企業価値の向上に結びつくこととなる。社会的な観点からも，土地の有効利用の促進，地域経済の再生，地価の安定というようなCRE戦略の効果が発揮されることが，わが国において大いに期待されている。CRE戦略を成功に導くためには，経営者の意識変革が最大の成功要因となる。CRE戦略は，単に不動産で短期的な利益を追求する，あるいは不動産が稼ぎ出す利益に頼るというような，過去のバブル期に見られたような財テク的・近視眼的な発想で導入するものではない。CRE戦略は，中長期的な競争優位の構築に資するため，そして，企業の持続的な発展のために導入すべきものである。

CRE戦略は経営戦略の一翼を担うものであり，CRE戦略策定の前提となる企業独自の経営理念・経営戦略が存在していなければならない。経営理念とは，経営に対する普遍性を持つ価値観を表したものであり，ステークホルダーや社

会に対する誓約でもある。経営戦略では企業固有の経営理念に基づき，企業環境に適応しつつ自社の強みを活かすために，どのような市場で戦うのか，どのような顧客を対象に，どのような製品・サービスをいくらで売るのかなど，企業の進むべき方向性が定義されるはずである。そして，その方向性に合わせて，ヒト・モノ・カネ・情報というような経営資源の最適配分や選択と集中などが実施されることになる。企業不動産も重要な経営資源の1つであり，その例外ではない。財務上重要な比重を占めており，かつ，立地そのものが企業の強みになることも多い。

　経営戦略に直結し，ときに企業の存続を左右することもあるため，企業不動産の取得・所有・賃借・売却の各場面に関する意思決定については，マネジメント主導で判断し，その意思決定を組織的に実践しなければならない。したがって，意思決定のための情報を収集し，検討する仕組みを社内に構築することが，CRE戦略には欠かせない。

　CRE戦略の実践レベルでの具体的な考え方は，例えば以下のとおりである。

　所有不動産については，コストと資産価値の2つの側面からアプローチすることとなる。わが国の多くの企業にとって，不動産に係るコストは，コスト全体の中で人件費に次いで大きな割合を占めている。そこで，コスト面からのアプローチとしては，不動産に係る様々なコストを広く捉えた上で，コスト削減を図ることとなる。資産価値面からのアプローチとしては，所有不動産の利用価値の向上を目指し資産価値を上げることが基本戦略となるが，利用価値が思うように上げられない場合には，ストックとしての価値に着目して，売却を図ることも選択肢の1つとなる。

　不動産取得に関するCRE戦略としては，まず，所有するか，賃借するかという意思決定の基準を事前に策定する必要がある。その上で，立地，投資の経済性判断，リスクの見極め等を行うことになる。不動産の取得にあたっては，有形資産としての価値のみではなく，顧客満足，コーポレート・ブランドなど無形資産としての価値を不動産に組み合わせられるかどうかが，重要なポイントとなることもある。

　所有不動産をオフバランスし，得たキャッシュをコア事業などに再投資すること等によって企業価値を創造することも，重要なCRE戦略の１つである。この場合には，キャッシュの使い道（再投資，配当，自己株式取得など），売却にかかる税金の額や，買換・交換の特例など税制上の優遇措置の適用の可否も併せて検討する必要がある。

　以上述べたようなCRE戦略は，すぐに効果を生むものもあれば，すぐに効果は発揮されないが，時の経過により企業力に大きな差を生むものもある。

　CRE戦略だけを経営戦略から切り離し，いわば部分最適の発想で実践したのでは，企業価値の向上に結びつかないことにも留意すべきである。企業不動産という限られた経営資源の配分に関する重要問題であることから，全体最適の視点に基づき，全社的な経営戦略の中にCRE戦略を組み入れることが各企業に求められる。

　また，複数の企業でグループ経営を実践している場合には，グループ内の企業が個々にCRE戦略を策定・実践するのではなく，グループ全体で統一した方針を立案しCRE戦略を策定・実践することが，グループ経営という観点から見て重要である。

⑷　CRE戦略導入の目的

①　企業価値の向上

　CRE戦略導入の目的として第１に挙げられるのが，企業価値向上に資することである。

　企業価値の概念には様々な説があるが，事業価値に非事業用資産の価額を加えて算出したものとするのが，現在の主流の考え方となっている（第１章）。

　前者の事業価値は，DCF法に基づき，将来にわたって事業が生み出すキャッシュ・フローを現在の価値に割り引いて算定する。コア事業に使用されている企業不動産以外に，貸しビルなど賃貸事業に供されている企業不動産があれば，コア事業と賃貸事業それぞれについて事業価値を計算した上で，企業価値とし

て合算することになる。

　後者の非事業用資産については，キャッシュ・フローをほとんど生み出していないため，時価で評価した額をもって企業価値の構成要素とする。

　CRE戦略が成功すれば，コストが削減され，企業不動産の利用価値は向上し，経営の効率性も上がり，事業が将来に生み出すキャッシュ・フロー（事業価値算式の分子）を増加させる効果がある。CRE戦略の導入が，経営の安定性につながると評価された場合には，キャッシュ・フローを割り引く際の資本コスト等（事業価値算式の分母）も下がる。これら両者の相乗効果によって，事業価値の計算式上，企業価値は向上することになる。

　また，収益性が低い事業の用に供されている企業不動産や，遊休地などの非事業用不動産を思い切って売却することで，得られたキャッシュを収益性の高い事業に再投資することにより，企業価値を向上させることもできる。

　さらに，企業価値の向上の観点からは，敵対的買収とCSRへの対応に特に留意する必要がある。

　例えば，開発余地があるのにその機会を放置しているなど，企業不動産を十分に有効活用できていない企業は，買収された後，買収者が企業価値を高めて利益を上げることが可能なため，敵対的買収に遭う可能性も否定できない。

　企業の株式を取得することで，間接的に企業不動産を取得することを目的として行われるM&Aは，「不動産M&A」と呼ばれることもある。

　企業不動産を大量に所有しており，敵対的買収に遭う可能性がある企業は，資本効率の一層の追求，そして不動産所有の意味や意思決定の基準に関する説明責任が，金融・証券市場の投資家から求められている。「本社や工場・支店などの拠点がこの場所にある意味はあるのか」という根本的な問いかけに対して，自社の経営戦略との整合性も含めて，きちんとした答えを常に用意しておき，説明責任を果たす必要があるだろう。

　企業不動産は，経営資源であるだけでなく，社会的資本であるという公共財としての一面も有している。したがって，地域社会の一員として企業の社会的責任（CSR）を果たすことも，CRE戦略の重要な目的の1つである。

　企業不動産に係るCSRの例としては，耐震，アスベスト，土壌汚染等への対応，景観や環境問題への配慮，地域社会への貢献などが挙げられる。

　これらCSRの視点が欠けている企業は，法的に罰せられるだけでなく，消費者や取引先の支持を一気に失い，資金調達にも窮することとなるなど社会的・経済的にも大きな損失を被ることとなる。

②　制度改正への対応

　CRE戦略の第2の目的として，制度改正への対応を挙げることができる。

　わが国の企業会計基準は取得原価主義を採用しており，会計上，不動産の価格が問題となることはほとんどなかった。しかし，取得原価主義では資産価格の変動が現れないため，企業の適正な財政状態が財務諸表等より判断しにくいという欠点が指摘され，さらには企業や投資資金のグローバル化によって，会計基準の国際的コンバージェンスの流れが決定的となり，わが国の企業会計基準においても一定の場合に不動産の時価評価を行う，あるいは時価を注記によって開示することとなった。

　その結果，減損会計，販売用不動産，賃貸等不動産，企業結合に関する会計基準が導入され，企業不動産の時価がこれまでに比べてより広範囲に開示されることとなった。

　企業経営に与えた影響を考えると，これらの時価開示導入をきっかけに，ステークホルダーの見方が簿価ベースのROAやROICなどの指標を通じたものから，時価ベースのものへと変化することになり，経営者も所有不動産の時価，そして時価に対する利回りを意識せざるを得なくなった。

　また，2008年4月以降導入された金融商品取引法では，内部統制報告制度の導入が義務づけられている。内部統制報告制度では，会計監査に耐え得るレベルで企業不動産についての合理的マネジメントの導入が必要とされている。

　具体的には，まず，企業不動産に関する取得，賃借，売却の意思決定にあたり，取締役会決議などの決められた意思決定機関の承認を得ているか，というコンプライアンス体制の整備・運用が求められる。次に，企業不動産の収益性

の低下，時価の下落に伴う減損損失が，決算書にきちんと反映されるようになっているか，という経理プロセスの確立も求められる。賃貸業など不動産関連事業を行っている企業であれば，不動産関連事業の規模によっては売上・経費等の計上プロセスについて，内部統制の構築が求められる場合もある。

さらに，企業不動産に関する利用状況・時価・法的リスク等の情報が，IT等を通じて経営者にきちんと伝達される体制となっているかについて評価の対象となる場合もある。

(5)　CRE戦略導入の効果

①　企業にとっての効果

CRE戦略導入による直接的な効果としては，(i)コスト削減，(ii)キャッシュ・フローの増加，(iii)経営リスクの分散化・軽減・除去，(iv)顧客サービスの向上，(v)コーポレート・ブランドの確立が挙げられる。さらに，間接的な効果として(vi)資金調達力アップ，(vii)経営の柔軟性・スピードの確保も期待できる。

(i)　コスト削減

第1のコスト削減については，例えば業務のアウトソーシング，立地やオフィススペースの見直しを図り，必要に応じて拠点の統廃合を行うことなどでコスト削減につなげることが考えられる。

修繕費，改修費，管理費，賃料，共益費や公租公課など不動産に直接かかるコストだけでなく，物流コストや当該地域における人件費・人材募集費の水準など不動産の立地条件に伴って発生してくる間接的なコストも含めて総合的に見直しを図ることが必要である。さらに，IT・ネットワークの技術を最大限活用することで，オフィススペースの縮小・立地の適正化などを図り，コスト削減につなげることも可能である。

不動産所有企業は，賃借に比べれば不動産所有のコストはタダも同然という考え方を持っているところも少なくない。そのような企業については，内部賃

料を設定し，その不動産を借りていたと仮定した場合に，事業の採算が本当に取れているのかどうか，ということを常に明確にすることで，企業内部の事業部門にコスト意識を徹底させることも有益である。

(ii) キャッシュ・フローの増加

第2のキャッシュ・フローの増加においては，企業不動産の効率性の低下等に伴って発生する様々なロス，すなわち収益機会を企業が見逃していることによる損失を分析・評価することで，適切に認識することが重要である。その上で，目に見えないロスの発生を食い止め，収入の増加機会に結びつける方策を考えることとなる。

キャッシュ・フロー増加の方策としては，CRE戦略により生産性を向上させることで事業収入をアップすることが，まず考えられる。立地や業務の集積化を行い，企業不動産の利用方法の適正化を図ることで生産性を向上させることなどが挙げられる。従業員にとって快適で機能的な職場環境づくりを行うことも，結果的に生産性の向上につながることもある。近年，働き方改革の進展に伴い，テレワークやシェアオフィスを導入する企業も増加しており，働き方の見直しと併せて，オフィスの立地や業務体制について再考する時期に来ているといえる。

本業に活用されていない非事業用不動産については，賃貸に切り替えて有効活用することによって賃貸収入等を得るようにすることも1つの方法である。

さらに，不動産をオフバランスすることにより売却収入を得ることや，その売却収入で本業に経営資源を集中することにより本業の事業収入をアップさせることも有力な選択肢の1つである。特に近年は，不動産のオフバランスにより，本業に経営資源を集中させた例が増えてきている。

企業にとって不動産といえば，従来はバランスシート上の問題として捉えられることが多かった。しかし，CRE戦略がもたらすコスト削減やキャッシュ・フロー増加の効果，および減損会計等の制度改正の影響も含め，不動産が企業の損益計算書に与えるインパクトはもはや看過できないほど大きなものになっ

ていることに留意すべきである。

(iii) 経営リスクの分散化・軽減・除去

　第3は，不動産が経営に与えるリスクの分散化・軽減・除去にもつながる効果である。不動産が経営に与えるリスクとして，不動産固有のリスク，市況リスク，減損会計に代表されるような新制度導入に伴うリスクなどが挙げられる。不動産のリスクマネジメントから解放されるために，不動産をオフバランスすることや，業務そのものをアウトソーシングすることも選択肢の1つとなる。

(iv) 顧客サービスの向上

　第4は，顧客サービスが向上する効果である。CRE戦略は顧客に対する価値を生み出すが，直接的な効果としては，企業不動産の適正配置による，利便性・サービス・品質の向上が挙げられる。

　また，間接的な効果としては，CRE戦略に伴うコストダウンにより適正な価格で製品・サービスを提供できるようになることが挙げられる。

(v) コーポレート・ブランドの確立

　第5は，コーポレート・ブランドを確立する効果である。例えば，駅前などの場所に限定して出店することや，特定の地域に特化して不動産投資を行うこと，またランドマークとなる著名な不動産を所有することなどが，コーポレート・ブランドの確立や顧客満足度の向上に直接つながることもある。企業名を冠して「○○村」と呼ばれるエリアが存在するが，これはブランドの確立という意味で成功している不動産の立地戦略であるといえる。

(vi) 資金調達力アップ

　第6は，資金調達力がアップする効果である。CRE戦略導入によって，不動産価値の上昇やキャッシュ・フローの増加に成功した場合には，副次的な効果として資金調達力がアップする。

(vii) 経営の柔軟性・スピードの確保

第7は，CRE戦略導入による経営の柔軟性・スピードを確保する効果である。企業内部に経営トップ直轄のCRE専門組織を作る，あるいはグループ再編により，本業と切り離した形で不動産子会社を作るなどにより，取得・賃借から売却に至るまでのすべての企業不動産に関する意思決定が，一元的に，容易に，かつ，的確に行われるようになる。

② 社会的な効果

企業が利用する不動産は，他の資産と異なり，公共性・外部性を有している。企業不動産の周辺住民等も，企業にとって重要なステークホルダーにほかならない。つまり，好むと好まざるとにかかわらず，不動産を利用することで企業は社会的・公的な責務を必然的に負うことになるのである。

CRE戦略は，社会的な効果をもたらすが，企業サイドとしても自ら負っている社会的・公的な責務を自覚し，CSR等の観点からこれら社会的な効果の実現のために積極的に行動することが求められている。

第1に土地の有効利用の促進が挙げられる。国土の狭いわが国にとって，不動産は有限の貴重な存在である。国際競争力向上，国民生活水準向上のために，不動産の有効利用が不可欠である。

ところが，一部の企業には不動産の所有に対する過度の固執，不動産に対する無関心，財務的余裕の欠如，運用能力の欠如などの傾向が依然として見られる。このことによって，企業不動産の利用実態として，未利用地・余剰スペースの発生，建物の物理的減価・機能的陳腐化，環境への不適応等が，放置されているのが現状である。CRE戦略の導入によって，これら不動産の有効利用の阻害要因を除去し，社会的損害（機会損失）を最小限に食い止める効果が期待できる。

第2に地域経済の再生につながることが挙げられる。地域密着型企業の再生にあたり，CRE戦略を導入することによって，事業・企業の再生や新規事業の立ち上げに伴う企業の競争力向上が期待される。このことが起爆剤となって，

その地域における雇用の確保，企業・個人の所得増，ひいては地域経済の活性化につながる。

　ときには，企業が移転することが地域経済の再生につながることもある。例えば，買換えの特例や交換などの税制上の優遇措置を最大限に活用し，シャッター通りから繁華地域へと企業が移転することが考えられる。従前の不動産については，シャッター通りを活性化させる能力を有した企業が取得する。このようなスキームでは，移転した企業と転入してくる企業との間に，Win-Winの関係が成立している。

　また，古くから工場が立地している地域においては，製造業の海外現地生産比率の上昇により，工場が撤退して高層マンションが林立している地域も見受けられる。このような地域では，既存工場を運営している企業にとっては周辺住民の目を意識した行動を取らざるを得ず，また同時に工場の拡張性という観点からも大きな問題を抱えている。工場の立地条件を明確化し，他エリアに移転するという決断を企業が下すことにより，企業と住民の両者にとって，Win-Winの関係が成立することもある。

　しかし，地域経済の再生という大きな政策的課題に対して，CRE戦略という個々の企業ベースでの自助努力だけでは不十分であり，国・地方公共団体，地域金融機関，地元の各種団体（商工会議所，NPO法人等）などの支援・協力が不可欠である。

　第3に適正な地価の形成にも寄与することが挙げられる。かつての不動産バブルとその崩壊の轍を踏んではならない。CRE戦略は，すでに説明したとおり，短期的利益追求のために不動産投機を勧めるものではない。CRE戦略が普及することにより，不動産市場では，実需に基づく需要と，売り渋りのない適正な供給が増えることが期待される。このことが，不動産市場における価格決定メカニズムの適正化につながることになる。

3 ┃CRE戦略の実施プロセス構築

　CRE戦略はそれぞれの企業の経営戦略として推進されるものである。CRE戦略は企業価値を高めるとともに，不測のリスクを被らないような実行体制によって実施されるべきであり，その実施状況は評価指標に基づき適切にチェックされ，最終的な評価結果は次期のCRE戦略にフィードバックされる必要がある。

　CRE戦略は企業独自の経営理念・経営戦略のもとで，絶えず進化・成長することが重要である。そのためには，あらかじめ設定された明確かつ合理的なCREフレームワークと評価指標に基づき業務を実施し，結果はモニタリングに基づき改善を図るといったマネジメントサイクルを構築する必要がある。

　また，CREマネジメントサイクルは，実務者層で適用される管理手法であるが，経営者層がCRE戦略を策定する際にも，当該実務者層の管理手法を理解しておくことで，実効性の高いCRE戦略の策定が可能となる。つまりトップ（経営者層）と現場（実務者層）のどちらもが，CRE戦略とCREマネジメントサイクル双方に通じることにより，効果的なCRE戦略の遂行が実現することになる（**図表5-11**）。

(1)　Research（リサーチ）

　リサーチは，CREマネジメントを実践するための基盤づくりに該当し，その位置づけは極めて重要である。通常，①CREフレームワークの構築と②CRE情報の棚卸の2つの作業を実施する。

　CRE戦略を推進するためには，まず，実践するための基盤づくりが重要となる。この基盤づくりには，CRE戦略に基づく具体的なアクションプランと実行体制の構築（フレームワーク構築），不動産に関する経済的・物理的状況やリスク等の情報整理（CRE情報の棚卸）が必要である。

　また，この基盤づくりはCRE戦略推進の骨格となるものであり，外部コン

【図表5-11】 CREマネジメントサイクルのイメージ

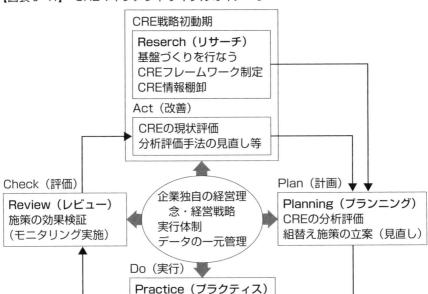

（出所） 国土交通省

サルタントの活用などを通じて，関係者間でのCRE戦略の重要性・問題意識の共通化を図りつつ，各社の実情に応じた適切な「基盤づくり」を進める必要がある。

① CREフレームワークの構築

フレームワークとは，CREマネジメントを正しいルールに則り，実践するための枠組みであり，CREマネジメントを行う上での統制方法（規則・規約等）を規定する概念である。

CREフレームワーク構築の目的は，企業不動産に係る内部統制を実施することで様々な人的・物的リスクを明確にし，その統制の強化を図り，CRE戦略を実践する上での「ガバナンス」や「マネジメント」を確立することにある。

　また，CREフレームワークは，CRE関連業務の遂行にあたって常に参照すべき規準となるため，継続運用，定期的改善を前提とする。このようにCREフレームワークは，CREマネジメントの基本ルールであり，重要な意義を持つ。

　CREフレームワークは，その対象とする分野によって大きく，(i)CREマネジメント関連分野（組織，文書），(ii)リスクマネジメント関連分野，(iii)CRE情報マネジメント関連分野の3つに細分化される。

(i)　CREマネジメント関連分野（組織，文書）

ア　組　　織

　CREフレームワークを構築する上でまず取り組むべきことは，遂行の主体となる管理組織の整備であり，そのためにCRE関連業務の点検（洗い出し）を行う。その実行にあたっては，CREマネジメントにかかわるすべての関連主体や末端業務の現状を把握し，CREマネジメントマニュアル等の整備を通じて，本来あるべき姿への整備・移行を最終目的とする。企業規模別の本来あるべき姿としては，大企業の場合，財務・人事・総務部門等が横断的な全社対応を行っている場合が多いため，CRE戦略立案に関しても同様な横断的対応組織の編成を理想とし，中小企業の場合は，担当役員がCRE担当役員を兼任し，関連部門を統括していくことが望ましい。

イ　文　　書

　次に取り組むべきことは文書の整備である。具体的には，(ア)CREマネジメント導入の意義を唱えた「CREマネジメント基本方針」を策定し，(イ)CRE関連業務の点検（洗い出し）を通じて実務上の業務フローを整備する「CREマネジメントマニュアル（各種業務手順書)」の作成を行う。(ウ)このマニュアル作成作業と併せ，CREマネジメント実施に伴う「証票（エビデンス)」類を整備する。(エ)そして，最終的にCRE戦略に基づく企業全体および各部門の「目標」設定を行う。この「目標」は単なる数値等の列記ではなく，具体的な実施手法のレベルまで整理・展開する必要がある。したがって，企業

目標や経営戦略を実現するための業務プロセス等をモニタリングする目標達成指標や，その中間的な業績評価指標等が採用される場合が多い。

　これらの「CREマネジメント基本方針」，「CREマネジメントマニュアル」，「目標」の3点は「CREフレームワーク」を構成する重要な要素である。

(ii)　リスクマネジメント関連分野

　ここで定義されるリスクマネジメントとは，「企業が不動産を所有・運用していく上で，障壁となるリスクを正確に把握し，事前に経済的かつ合理的な対策を講じることで不動産リスク発生を回避するとともに，不動産リスク発生時の損失を極小化するための管理手法」であり，企業不動産にかかわるすべてのリスクの把握・可視化は，CREフレームワーク構築にあたって，最も重要な管理業務の1つである。

　このリスクマネジメントを実際に進める上で必要となる作業は，(i)アで記述されたCRE関連業務（不動産関連部門の業務）の点検（洗い出し）と，点検された業務をフローチャート化し，業務記述書として文書化することである。その過程で発生が予想される通常リスクや将来対応すべき重大な不動産リスク等を特定する。これらの特定された各々のリスクに対し，どのタイミングでどの程度の期間と費用をかけて対応するかの「リスク対応計画」を作成し，CREフレームワーク構築の際に織り込んでいく。

(iii)　CRE情報マネジメント関連分野

　CREマネジメントサイクルを効率的に実践するには，CRE関連業務（プロパティマネジメント（PM）・ファシリティマネジメント（FM）等）に係る情報の利活用が極めて重要である。しかし，これらの情報はあまりに膨大であり，手作業による対応・処理には自ずと限界が生じる。そのため，ICTの積極的な活用が求められる。

　通常，リサーチによって整備された各種情報は，統合データベースに蓄積され，必要に応じて加工・利用されるが，ここで留意すべきは，経営者層のニー

ズに応じて必要な情報を適宜抽出しなければならないということである。この情報システムを導入する際には，過大投資や現場ニーズとのミスマッチを避けるため，CRE関連業務の内容および関連する組織との関係を考慮しつつ，それぞれが抱える課題をまず抽出し，次にシステム化の範囲を決定するという段階的アプローチが望ましい。情報システムに求められる要件は以下のとおりである。

ア　企業不動産の基礎情報（物理的情報/権利的情報/経済的情報/運用情報）
　　となる情報項目を網羅していること
イ　不動産情報を一元管理できていること
ウ　共通情報として関連部門が利用可能なこと
エ　内部統制に準拠した承認権限やワークフロー機能を装備していること
オ　経営支援情報として必要な情報がタイムリーに分析・抽出・把握できる
　　こと
カ　財務データや各種データとの連携・整合性が取れること
キ　セキュリティや安定性が保たれていること
ク　CREマネジメントマニュアルに沿った運用ができること

②　CRE情報の棚卸

　CRE情報の棚卸とは，企業不動産の総合的調査を意味する。この調査により，はじめて企業不動産に関する全体像が把握され，多角的な分析が可能となる。
　総合的調査とは，企業不動産の「物理的情報」だけではなく，「権利的情報」，「経済的情報」，「運用情報」の把握も行い，企業不動産に関するあらゆる状況の棚卸を包含するものである（**図表5-12**）。
　CRE情報の棚卸にあたっては，管理主体ごと（企業本部，各部門等）に所有・使用する不動産の数や状況を把握していく。具体的なCRE情報の棚卸は，土地・建物・設備の分類に基づき，それぞれ物理的・権利的・経済的状況および周辺情報に関する資料収集を行い，実際に現地調査等も実施した上で，調査

【図表 5 -12】　CRE情報の棚卸

名　称	内　　容
物理的情報	土地・建物の現況等
権利的情報	物権の現況，適用される法令・条例等
経済的情報	修繕費等の支出情報，賃貸料等の収入情報等
運用情報	各種契約書，設計図，立地（地価・圏域人口動向等）等

レポートを作成することが望ましい。その際，情報システム等を活用すれば，重複入力や記入漏れ，手戻り作業等のロスが回避され，負担軽減が期待できる。

　また，CREマネジメントサイクルの第 2 段階であるPlanningにおいて，経営戦略や財務戦略の視点から有効な各種（定性含む）分析が可能となるよう，各企業不動産に係る戦略的位置づけやビジネスニーズを，現状と将来の位置づけという時間軸を勘案しながら整理・把握する必要がある。

　その理由は，本社ビルや大規模物流施設等の所有・賃借に係る判断は，財務分析等の数値化された指標のみから行い得るものではなく，不動産市況等のマクロ動向や，企業の生産および販売活動に係る地域戦略，あるいは「持たざる経営」への徹底した経営資源集約化方針等，高度な政策判断に基づき決定されるべきものであり，Planningの前段階のResearchにおいて，これらの上記概念が十分に整理・把握されている必要があるためである。

⑵　Planning（プランニング）

　Planningにおいては，⑴で整備したCRE関連情報に関して，様々な観点からの分析を行い，その結果を経営者層が重要な意思決定（自社ビルの売却，新設工場用地の取得，大規模店舗の賃借等）を行う際に活用する「アクションプラン」として作成する。それは，①ポジショニング分析，②個別不動産分析，③CRE最適化シミュレーションの実行，④アクションプラン実行後の財務影響分析等の結果を取りまとめるという作業を通じて行われる。

① ポジショニング分析

　ポジショニング分析とは，企業不動産を「事業用・非事業用」，「コア・ノンコア」の観点で分類した上でマッピングし，さらに各象限それぞれに関して，設定する軸による様々な詳細分析を行うものである。これにより，企業不動産の所有の傾向が把握され，企業の業態・規模・経営状態に応じた企業不動産の最適化を支援するアクションプラン等の作成が可能となる。

　また，「コア事業」に分類される不動産は，経営戦略上，中核に位置する事業にかかわる企業不動産であり，「ノンコア事業」に分類される不動産は，それ以外の企業不動産を指す。「事業用・非事業用」（X軸），「コア事業・ノンコア事業」（Y軸）の2つの軸により分けられる4象限（第1象限・第2象限・第3象限・第4象限）それぞれについての分類例と軸ごとの詳細分析の具体例を示す（図表5-13）。

【図表5-13】　ポジショニング分析（事業方針と保有目的からの分析）イメージ図

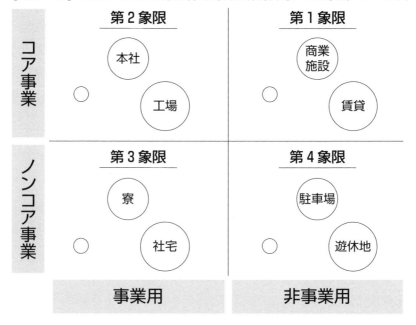

(i)　部門別CRE使用状況分析

　企業不動産を実際に使用している組織部門を切り口とした分析である。これにより，企業全体の中でどの部門または組織がどの程度の割合で企業不動産を使用しているのかが判断できる（**図表5-14**）。

【図表5-14】　部門別CRE使用状況分析イメージ図

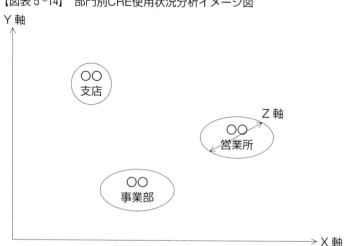

(ii)　CREの所有形態別収益率

　賃借あるいは所有等の所有形態別の収益率を切り口とした分析である。これは個別不動産ではなく，営業エリアや管理主体別に対象を拡げることで，CRE戦略を策定する際に有効な判断指標となる。

(iii)　所有CRE有効活用率分析

　所有する企業不動産に関し，使用価値と市場価値（時価）の差異を分析する。近年所有不動産の潜在価値を狙った企業買収の動向もあり，所有する企業不動産の時価と現在の使用価値の状態を正確に把握するニーズはますます高まっている。

② 個別不動産分析

個別不動産分析とは，個別の不動産を経営資源として捉え，その経営効率・重要性・リスク等を分析する作業である。個別不動産分析では，下記のような観点から詳細分析に入ることができる。

(i) LCC（ライフサイクルコスト）分析

個別CREに関し，建築・設備の維持，メンテナンス，運用等に係るコストが中長期にどの程度必要とされるのかを把握するための分析である。

(ii) 個別CRE収益率分析

個別CREに係る収益およびコストデータを統合し，その収益率を把握するための分析である。

(iii) CRE遵法性分析

建築基準法や宅地建物取引業法等の法律や建築上のルールに沿った建築物であるかどうかを把握するための分析である。

③ CRE最適化シミュレーションの実行

アクションプランを実行するため，上記分析に基づき企業不動産に関する所有・使用形態に係るアクションプランをいくつかのケース（継続所有・使用，購入，売却等）を設定して行う。その際，情報システムを有効に活用することで的確なシミュレーションが可能となる。

④ アクションプラン実行後の財務影響分析

アクションプラン実行後の財務影響分析とは，シミュレーションに基づいて実施されるアクション（継続所有・使用，購入，売却等）が，企業の財務面にどのような影響を与えるのかを損益計算書，貸借対照表，キャッシュ・フロー計算書の三面で捉える分析である。その際，情報システムを有効に活用するこ

とで的確な分析が可能となる。

⑤　アクションプランの作成および報告

経営者層が的確なCRE戦略を策定できるようシミュレーションの分析結果を取りまとめ，報告する作業である。この報告は，(ⅰ)ポジショニング分析，(ⅱ)個別不動産分析，(ⅲ)シミュレーション，(ⅳ)財務影響分析等の結果を「アクションプラン」という形で取りまとめる。

(3)　Practice（プラクティス）

Practiceでは，(2)でまとめた最終レポート「アクションプラン」に基づく経営者層の判断を踏まえ，プランを実行する。

具体的施策は，「継続所有・使用（賃貸借，アウトソースを含む）」，「購入」，「売却（証券化，セール＆リースバックを含む）」の３種類があり，概要は次のとおりである。

①　「継続所有・使用（賃貸借，アウトソースを含む）」

継続所有・使用が決定した企業不動産に関しては，情報システム等の有効活用を図り，(1)①において設定された「目標」に照らし，定期的なモニタリングを行う必要がある。

その対象は，直接的に財務諸表に影響を与える要因（具体的には所有に伴う維持・管理・改修費・公租公課等のファシリティコストや，賃借に伴う賃料・共益費等のコスト等）だけではなく，最有効使用が実現されていない遊休（および現使用）不動産に係る減損会計等の制度改正の影響等も含まれる。定期的にモニタリングした使用価値が，不動産市場での売却を前提とした市場価値を下回る状態が一定期間継続し，回復の見込みがない場合には，不動産が遊休状態にあるものとして認識し，有効活用および売却を検討することとなる。

遊休不動産や老朽化した不動産，低利用の不動産等は本業での利用可能性が

低い場合には，まず，それらの不動産を再構築（リストラクチャリング）することによって，本業への貢献が可能となるか否かを検討することが必要である。その際には，遊休不動産をまとめて売却し，それによって得た資金で新しい事業用不動産を購入する等，資産の入れ替えについても併せて検討することが重要である。

　さらに，企業不動産が公共財としての側面を持つことに留意し，耐震・アスベスト・土壌汚染等への対応，環境問題，地域社会への貢献等CSRを果たしているか否かも「目標」を構成する業績評価指標として設定し，モニタリングを実施すべきである。

　また，すでにCRE管理業務を外部の専門アウトソース企業へ委託している場合，当該委託コストが同等のサービスと比較して品質・価格面で競争力を維持しているか否かモニタリングを行う必要がある。この場合，常に業界動向や他のアウトソース企業のサービス内容に関する情報を収集・分析し，その結果を業績評価指標の設定時に反映させる必要がある。

　モニタリングの結果，自社が所有・活用することによって得られる使用価値が市場価値を上回る合理的な計画を立てることができなかった場合には，当該企業不動産は自社の事業価値の向上に貢献できないということになるので，この場合には本業での活用をあきらめるということになる。

　次に，有効活用によって自社の営業利益へ貢献することができるか否かを検討することとなる。この場合，基本的には遊休不動産を再開発して収益を上げるという，不動産事業を行うことになるが，不動産事業が複雑化・高度化している昨今の不動産市場の状況を十分に認識の上，自社のノウハウ・人材，事業リスクや資金調達力等を総合的に勘案し，その投資の可否を慎重に判断しなければならない。

② 「購入」

　購入が決定した企業不動産に関しては，通常，CRE担当部門が窓口（事務局）となり，社内に調達プロジェクトチームを編成の上，「購入」に係る一連の作

業に当たることが想定される。この場合，企業不動産の規模（金額），交渉に充てられる期間を勘案の上，最終意思決定権者（プロジェクトオーナー），決裁機関（ステアリングコミッティー），プロジェクトチームの構成メンバー等を決定する。このプロジェクトオーナーは，対象企業不動産の戦略的位置づけにより社長，担当役員，事業部長等，異なる場合が想定されるが，交渉プロセス・各種情報の一元管理といった観点から，窓口（事務局）はCRE担当部門に一本化されることが望ましい。プロジェクトチームを組成する理由は，専門業者（仲介業者，不動産鑑定業者，エンジニアリング業者等）との交渉，購入資金調達，各種法律手続，購入後の利活用計画の実行等，横断的かつ迅速な対応が必要となるためである。

　また，これまでありがちであった属人的対応は極力排除すべきであり，意思決定プロセスにおける透明性の確保を図り，購入に係る各種証憑の整備を図る必要がある。ここで先進的な情報システムの導入が行われていれば，対象企業不動産の個別情報の整備のみならず，最終的な購入金額と予算との予実分析，内部統制対応，購入代金の決済業務等が有機的に連携し，迅速に実行されることになる。

③　「売却（証券化，セール＆リースバックを含む）」

　売却が決定した企業不動産に関しては，基本的には「購入」の場合と同様に，CRE担当部門が窓口（事務局）となり，社内に調達プロジェクトチームを編成の上，一連の作業に当たることが想定される。しかし，ここで留意すべき点は，売却対象のCRE情報の棚卸が正確かつ誠実に行われていることである。もし仮にアスベスト残留や土壌汚染等の瑕疵の事実を知らないまま相手方に売却した場合，損害賠償責任だけでなく企業の社会的信頼が大きく損なわれることを覚悟すべきである。ここで情報システムにあらかじめ必要な土地建物基本情報やこれらの関連データが一元的に管理・集約されていれば，時機を逸することなく必要情報の開示が可能となるため，スムーズな売却業務実行が期待できる。また，最終的な売却金額と予定金額との予算・実績分析，内部統制対応，

資金回収の決済業務等が有機的に連携し，迅速に実行されることになる。

　また，企業不動産の売却にあたっては，企業価値向上の観点からその売却目的を明らかにした上で，当該目的に合致した売却方法を選択することが重要である。

　例えば，有利子負債の圧縮等，資産リストラの目的によって，遊休資産を売却する場合における不動産の売却方法の主なものには，任意売買，競争入札，企画提案型売却がある。

　任意売買は，不動産の売り手である自社と買い手が売却条件を双方協議して決定するものである。この方法は，売買条件について，お互いが納得のいく形で契約することが可能であり，売り手・買い手ともに売買におけるリスクを軽減することができるが，その一方で，個別の事情に左右されやすく，手続の透明性に欠ける場合がある。

　競争入札は，一定期日において一番高い価格を付けた買い手が当該不動産を購入できるという方法で，手続が簡単でわかりやすく，透明性がある一方，売り手は買い手が当該不動産をどのように使うかがわからず，買い手は売買条件が決められない等，売買におけるリスクを売り手・買い手の双方が取ることになる。

　企画提案型売却は，買い手から物件の利用方法についての提案を受け，その内容を売り手が審査して売却先を決定するというものであり，手続の透明性や売買リスクを軽減できる一方で，手続が煩雑になることから一定規模以下の不動産に適用することは困難である。

　このように，売却方法にはそれぞれ一長一短があるので，不動産の特性，不動産市場の状況，企業の経営方針等に合わせて，適切に選択する必要がある。

　次に，売却後も継続使用するほうが効率的である場合には，セール＆リースバック方式等を活用することとなる。この際，証券化手法を活用する場合には，オフバランス要件に留意し，資産の譲渡または金融取引のいずれに該当するかを確認することが必要である。また，オペレーティング・リース取引とファイナンス・リース取引の取扱いにも留意すべきである。

⑷　Review（レビュー）

　レビューでは，アクションプランと実行情報の比較を行う。

　具体的には，「継続所有・使用」不動産については**図表5-15**の項目に関するモニタリングを行い，予定したパフォーマンスを達成できているかどうかを測定する。また，「売却・購入」不動産については，計画情報と実行情報から，CRE戦略が予定されたとおりに適切に実行されているか否かのレビューを行う。

【図表5-15】　モニタリング項目

(1)	継続所有・使用物件のモニタリング
(2)	購入価格の予算・実績分析
(3)	売却価格の予算・実績分析
(4)	ポジショニング分析（事業方針と所有目的からの分析）の結果検証
(5)	ポジショニング分析（各象限の分析）の結果検証
(6)	個別不動産から見た分析の結果検証
(7)	財務影響の結果検証
(8)	CRE情報の確認

⑸　「Research（リサーチ）」へのフィードバック（Act）

　上記⑷におけるモニタリングの結果を，⑴①，②へフィードバックの上，「Act（改善）」を施すことで，CREマネジメントサイクルは完成する。

4 ┃企業不動産の新たな潮流

(1) CSR

① CSRとは

　最近の企業不祥事の増加，あるいは環境問題への意識が高まる中，企業の社会的責任（CSR）への関心がますます高まっている。企業の社会的責任の意味は極めて広範囲に及ぶため一律に定義することは難しいが，突き詰めると，環境問題や社会問題，あるいは企業を取り巻く様々な利害関係者（ステークホルダー）へ十分配慮することであり，CSRを推進する明確な企業理念が前提として必要である。いずれにしても，CSRへの配慮なしには企業は持続可能な成長ができないということになる。

② CSRと企業不動産の関係

　CSRが企業の持続的成長・発展に不可欠であるとすれば，CRE戦略を通じてどのようにCSRを実現していくかが大きな課題となる。例えば，地域振興に資する街づくり，景観や街並みを重視した不動産の有効活用，緑地の確保や環境に配慮した不動産開発などは，CRE戦略を通じたCSRの実践の一例と考えられる。

　一方，企業が従業員の雇用を維持すること，納税を行うこと，株主に対する利益還元（配当等）を行うこと，法令等を遵守すること（コンプライアンス），消費者のニーズに応えることなどもCSRの遂行にほかならない。

　このように，CSRの範囲は極めて幅広く，その意味する範囲は増大の一途をたどっている。この点，CSRにおける責任の量（範囲）と質（重み）は，企業あるいは産業によって，程度の差があるとも考えられる。例えば，企業規模が大きくなり，企業の活動範囲が広がることによって，必然的に企業の社会的影響力が強まることが予想される。そうなると，その社会的影響力に対応して，CSRの範囲も拡大し，その重さも増すものと考えられる。

③　CRE戦略を通じたCSRの実現

こうした違いこそあるものの，社会的影響力の大小を問わず，CSRを果たす上で最も基本的な前提として，まず当該企業が十分な収益を上げていることが不可欠である。十分な収益を計上し，継続企業（ゴーイング・コンサーン）という条件を満たしてはじめて，企業内外の利害関係者への利益還元が可能になるからである。したがって，効果的なCRE戦略を通じた所有不動産の有効活用により，企業の収益性を高めることが，CSRの実現につながるものと考えられる。

CRE戦略の中心は不動産であるが，CRE戦略と経営戦略との関連性や相互作用を十分意識することが重要である。例えば，不動産に関する収益性が向上しても，全体としての企業の収益性が低下するなど，短期的には収益改善が実現しても，将来的に収益悪化のリスクを生んでしまうような方法で不動産を活用することは望ましくないからである。さらに，不動産に関する意思決定は金額や将来への影響という面で非常に重要な意味を有するとともに，一度不適切な意思決定をしてしまうと，後になって取り戻すことが非常に困難になるという性格を有している。したがって，客観的なデータに基づき，企業内外の様々な要因を考慮し慎重に意思決定をする必要がある。こうした意味で，CRE戦略は不動産だけの戦略ではなく，経営戦略と整合性を持つ長期的な戦略という視点から綿密に検討する必要がある。

④　CRE戦略とコンプライアンス

また，CRE戦略において，CSRの要素として考えられるコンプライアンスへの配慮も極めて重要である。国内外を問わず，昨今の企業不祥事の事例を見ると，コンプライアンス違反により，企業の信用やブランドは著しく失墜し，長期にわたる業績への悪影響や，最悪，企業自体の存在すら危うくなるような事態にまで至っている。また，コンプライアンスに関しては，内部統制の目的の1つにもなっていることからも，特に上場企業にとっては法によって求められる内部統制の整備・運用という観点から取り組むことが義務づけられている。

しかし，上場企業でなくとも，コンプライアンスへの対応はその重要性と影響力の大きさを考慮すれば喫緊に取り組むべきテーマであると考えられる。例えば，コンプライアンスにかかわるリスク要因を分析し，リスクを特定するとともに，こうしたリスクに重要度に応じて優先順位をつけることが必要となる。その上で，高いリスクから順に，リスクへの対処法（リスク回避の方法等）を検討しておくことが重要であろう。企業内に散在するリスクの棚卸を行い，リスクを分析し特定することはかなり困難な作業ではあるが，社内における横断的な組織である「委員会」などを設置し，外部機関とも連携をとりつつ，こうした作業を行うことも有効である。

(2) ESG

① 環境対策の推進

企業のESG活動の活発化により，環境対策の推進や，環境会計や環境報告書の作成・公表が企業によってより重要になりつつある。ESGとは，環境（Environment），社会（Social），ガバナンス（Governance）の頭文字を取ったもので，企業の長期的な成長のためには，ESGが示す3つの観点が必要だという考え方が世界的に広まってきている。また，低炭素社会構築に向けた温室効果ガス削減諸制度の創設・改正等により，建物の省エネルギー・省資源や，CO_2吸収機能に注目した森林整備などへの関心が高まっている。土壌汚染対策法の改正に伴い，土壌汚染対策などについても新たな展開が予想される。

事業者が企業不動産の利活用の各局面において環境負荷低減を図り，環境保護の理念を反映させることは，環境配慮型企業としてESGの観点からも企業価値の向上につながることから，環境対策としての取組みがESG戦略の実践にあたっても重要である。

② 環境対策が求められる背景

1997年に締結された京都議定書により，わが国は温室効果ガスを削減するこ

ととされている。政府は2008年 3 月に京都議定書目標達成計画を改定して，目標達成のための様々な施策を実施している。

　2008年に開催された北海道洞爺湖サミット（G8）では，2050年までに世界全体の排出の少なくとも50％削減を達成する目標というビジョンを共有することとされた。

　2008年には地球温暖化対策の推進に関する法律が改正され，温室効果ガス算定・報告・公表制度について，事業所単位から事業者単位・フランチャイズ単位による排出量の算定・報告に変更され，適用範囲が広がった。

　産業部門に比べて省エネ化が遅れている民生部門（業務部門・家庭部門）への規制強化の動きや排出量取引の実施など，低炭素社会の構築に向けた様々な施策が実施されている。

③　環境対策と企業不動産の関係

　企業不動産における環境対策としては，土壌汚染対策，アスベスト・PCB等の有害物質対策，省エネルギー対策，グリーン設計，建物のライフサイクルマネジメント（LCM）などがある。これらの環境対策は，遵法性や土壌汚染対策，有害物質対策のような環境に悪い影響をもたらす事象に対する環境対策と，省エネルギーやグリーン設計のような環境保護に貢献する事象に対する環境対策とに大別されるが，省エネルギー対策が法令等で義務づけられるようになるなど，両者は融合しつつある。環境対策は，企業イメージの向上やリスクの低減，利用者等の健康対策のみならず，経費の節減や収益向上に寄与し資産価値の向上につながる。CASBEEのような建築物の環境性能評価基準，それらの認証制度が普及しはじめており，自治体によってはCASBEEのランクに応じてインセンティブを与えるなど，環境対策はより重要な要素となっている。

　ESG投資やSDGsの推進が世界的潮流となる中では，今後ますます社会課題解決と引き換えに経済的リターンを得るという企業体が増えていくであろう。CREは不動産を通じて「社会」との接点を持ち，「環境」に多大な影響を与えるものであり，その重要性はますます高まっていく。そして，その戦略をマネ

ジメントしていくための「ガバナンス」の視点も決して忘れてはならず，一連の業務プロセスを繰り返し，果断な施策を連続して繰り出していくことが求められている。「オープンイノベーションの推進」や「スマートシティの誕生」はまさに各企業のCRE戦略が積み重なり，集積されてでき上がるのである。

第6章

知的財産マネジメントの ポイント

　本章では，特許権をはじめとする知的財産のマネジメントのポイントについて説明する。

　なお，本書は，企業価値を最大化するために企業内の資産を効率的に活用するための方法や考え方をテーマとしている。したがって，本章では，社内にすでに存在する知的財産を最大限活用し，そこから得られる収益を拡大させることで企業価値向上に寄与する方法を主に検討することとする。いわゆる「知財戦略」で論じられるような，将来の競争力向上や新規事業立ち上げのための研究開発方針，特許取得方針の策定，特許ポートフォリオマネジメントといったテーマとは異なる視点で検討している点には留意いただきたい。

1 ┃ 知的財産の定義と種類

(1) 知的財産の役割

　知的財産とは，研究開発をはじめとする，法人や個人の知的創造活動によって生み出された技術や創作物，情報などを指す。例えば，製品の製造やサービスの提供に必要な技術や，顧客に自社ブランドを識別してもらうための商標などが挙げられる。これらの知的財産は，企業が新商品の開発や，他社製品・サービスと自社の製品・サービスの差別化を行い，売上成長や高い利益の獲得

を実現する上で極めて重要な役割を果たす。

　知的財産は，具体的な物質ではなく，財産的な価値を有する情報である。し
たがって，その創造には多くの時間や費用を要する一方で，他社による模倣や，
複数の人や企業による多重利用が容易であるという特徴を有する。特に，国境
をまたいだ情報流通が容易になっている現代では，一度流出した情報は瞬く間
に広く知れわたってしまい，経営資源としての希少性を失ってしまう。多くの
時間と多額の資金を投じて研究開発した技術や，長年の事業継続や継続的なプ
ロモーションによって構築したブランドを簡単に模倣されてしまっては，企業
がそのような知的財産の創出を行うインセンティブを失ってしまい，ひいては
健全な経済の発展にも悪影響を与えかねない。そのような事態を防ぎ，企業の
知的財産の創出を促進するために設定されているのが知的財産権である。

(2)　知的財産権の種類

　特許庁によると，知的財産権はその保護する対象によって**図表6-1**のよう
に分類される。このうち，特許権，実用新案権，意匠権，商標権を総称して産
業財産権（かつての工業所有権）と呼ぶ。以下，これらの産業財産権について
簡単に説明する。

　産業財産権のうち，特に代表的なものは特許権であろう。特許権は，「発明」
を保護するための権利である。特許権を取得すると自身の特許発明を独占的に
実施する権利を得ることができ，その発明を無断で実施する第三者に対して，
実施の中止や損害賠償といった補償の請求を行うことが可能となる。特許権が
保護する「発明」には，具体的な物品だけでなく，物品を生産するための方法
に関する発明も含まれる。

　実用新案権は，物品の形状，構造または組み合わせなどに関する「考案」を
保護するためのものである。例えば，丸い鉛筆を六角形にしたりするなど，特
許権が対象とするほど高度なものではないものの，産業上利用可能なアイデア
（小発明）を保護するためのものである。

【図表6-1】　知的財産の種類

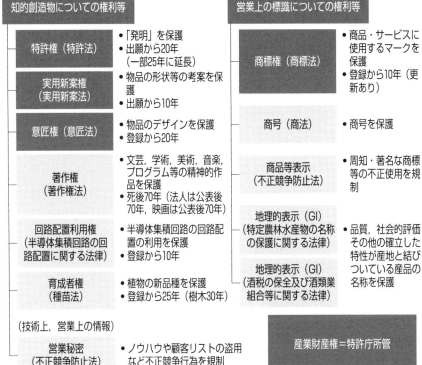

（出所）　特許庁（https://www.jpo.go.jp/system/patent/gaiyo/seidogaiyo/chizai02.
html）

　意匠権とは，物品の形状や模様，色彩などの工業的なデザイン（意匠）を保
護するためのものである。製品全体の形状だけでなく，その一部分（部分意匠）
も保護の対象となるほか，条件を満たした場合には，電子機器の画面に映し出
されたり，プロジェクターによって投影されたりする画像も保護の対象となる。
　商標権とは，企業が製品やサービスを生産する際に使用する社名や商品名，
ロゴなど，消費者が企業や製品・サービスを見分ける参考とする情報であり，
企業のブランドと密接に関連している。商標権は，企業の利益だけでなく，消

費者の便益を保護する観点からも重要な権利である。

　これらの産業財産権のほか，近年では芸術的な創作物を保護するための権利である著作権も重要性を増している。これは，デジタル化の進展に伴い，音楽や書籍といった著作物の流通が活発になるに従って不正ダウンロードや転載といった犯罪が増加していることや，ソフトウェアを構成するプログラムが著作権で保護されることに起因する。

　以上で見てきた産業財産権や著作権のほか，回路配置利用権や育成者権など，知的財産には多くの種類が存在する。本章では，上記の中でも代表的な特許権を念頭に説明を行う。特許権は，企業の競争力やそれに起因する企業価値に最も大きな影響を与えるものと考えられ，したがって企業価値に与える影響も大きく，また他の知的財産についても，特許権と同様に売却やライセンスが可能なものが多いためである。

(3)　知的財産のマネジメントの特徴

　本章のテーマである企業資産のマネジメントという観点から見た知的財産の特徴は，企業価値の向上に重要な役割を果たすにもかかわらず，その価値を把握することが難しいことである。

　製品の性能向上や生産の効率化に有用な技術に関する特許権を保有している企業は，その発明を実施することで売上の増加や利益の拡大を実現することができる。また，消費者から高い信頼や人気を得ている企業は，企業名や製品・サービスのブランド名やロゴといった商標を活用することで，より多くの顧客を集めたり，より高い価格で製品を販売したりすることができる。このように，優れた知的財産を保有することは，企業がより多くの利益を生み出すことにつながり，したがって企業価値を向上させる上で重要な意味を持つのである。

　一方で，個々の知的財産の価値を認識することは難しい。知的財産は，その権利を他社から買い取った場合など一部の場合を除いて，基本的には企業のバランスシート（B/S）に計上されない。したがって，建物・土地といった有形

固定資産と比べ，財務情報上ではその価値を把握することが難しいのである。

　このように，知的財産は，企業価値の向上に直結する一方で，財務諸表など目に見える形ではその価値を捉えにくい。そのために，資産の活用効率を考える際にも，保有している知的財産を最大限活用できているか，すなわち知的財産に関連するROI（投資利益率）を最大化できているかという視点を見落としがちである。

2 ┃日本企業の実態と課題

　特許庁の「特許行政年次報告書」によると，国内における特許権所有件数は年々増加しており，2017年度には約166万件となった（**図表6-2**）。そのうち，自社での実施や他社へのライセンスといった形で実際に活用されている特許は約81万件と半分程度である。残りの約半分については，競合他社の使用を防ぐための防衛目的として保有されているか，利用されずに保有されているだけとなっている。このように，保有されているもののビジネス上活用されていない特許は「休眠特許」と呼ばれる。

　休眠知財が増える背景には複数の要因があるが，その1つは特許の取得数などを研究開発活動のKPIとしていた日系企業が多いことがあるだろう。自社のビジネスを行う上で本当に必要かどうか，具体的には競合に対する差別化や参入抑止といった目的に適しているかよりも，出願件数自体を増やすことが良しとされてしまうと，獲得しても活用しきれていない特許が増えてしまう。

　企業の保有する知的財産の中でも，特にこのような休眠特許，あるいは他の知的財産権を含めた休眠知財を見直すことが，知的財産の効率活用を行う上で重要な論点の1つである。このような休眠知財が存在することで，社会にとっての損失となっているだけでなく，保有する企業にとっても機会損失が生じている可能性があるためである。

　近年では，経済産業省や地方公共団体も，このような休眠特許の活用に力を入れ始めている。例えば，川崎市や近畿建材産業局のように，大企業の保有す

【図表6-2】 国内における特許所有件数の推移

	2010年度	2011年度	2012年度	2013年度	2014年度	2015年度	2016年度	2017年度
国内特許権所有件数（件）	1,255,489	1,346,804	1,464,176	1,570,897	1,616,472	1,624,596	1,643,595	1,662,839
うち利用件数[*1]	681,059	711,773	755,209	816,825	790,752	776,358	805,519	805,018
うち未利用件数[*2]	574,430	635,031	708,967	754,072	825,720	848,238	838,076	857,821
うち防衛目的件数[*3]	350,946	415,630	471,041	479,029	569,938	529,115	586,724	615,995

(備考)　＊1：利用件数とは，権利所有件数のうち「自社実施件数」及び，「他社への実施
　　　　　　許諾件数」のいわゆる積極的な利用件数の合計である。
　　　　＊2：未利用件数とは自社実施も他社への実施許諾も行っていない権利であり，防
　　　　　　衛目的権利及び開放可能な権利（相手先企業を問わず，ライセンス契約によ
　　　　　　り他社へ実施許諾が可能な権利）等を含む。
　　　　＊3：防衛目的件数とは，自社実施も他社への実施許諾も行っていない権利であっ
　　　　　　て，自社事業を防衛するために他社に実施させないことを目的として所有し
　　　　　　ている権利である。
(資料)　特許庁「平成30年知的財産活動調査報告書」
(出所)　特許庁「特許行政年次報告書」(https://www.jpo.go.jp/system/patent/gaiyo/
　　　　seidogaiyo/chizai02.html)

る特許と，その特許を活用してビジネスを行う中小企業とのマッチングを手掛
けるといった形で，休眠特許が積極的に活用されるような仕組みを作る自治体
や公的機関も出てきている。未だマッチング件数はさほど多くないものの，
オープンイノベーションを志向する近年の潮流もあって，特許の公開・オープ
ン化を活用する企業と，それらを支えるプラットフォームはさらに増えていく
だろう。

3 ▌知的財産保有の価値とコスト

　知的財産の活用（売却や放棄を含む）に関する意思決定を行う上では，その知的財産の価値と，保有・活用し続けるために必要なコストを理解する必要がある。以下で，これらに関する基本的な考え方を見ていこう。

(1)　知的財産のコスト

　特許権や実用新案権などの保有に関するコストは，大きく，①特許料など，権利を維持するために必要なコストと，②実際に特許権を行使するために必要なコストに分けられる。

　第 1 に，発明を特許や実用新案として登録し，特許権や実用新案権として維持するためには，特許庁に出願料や登録料を支払う必要がある。例えば，平成16年 4 月 1 日以降に審査請求をした出願にかかる特許料は**図表 6 - 3** のとおりである。仮に出願してから10年経過する特許を保有していた場合，55,400円＋（4,300円×10請求項）＝98,400円が必要となる。このほか，これらの支払手続などにかかる人件費や諸経費も考慮する必要があるものの，企業全体の活動規模からすると，さほど大きな金額ではないだろう。ただし，国際出願など，日本以外においても特許登録を行う場合には，さらに多くの費用がかかる点には注

【図表 6 - 3 】　日本における特許料（平成16年 4 月 1 日以降に審査請求をした出願）

項　　目		金　　額
第 1 年から第 3 年まで	毎年　2,100円に 1 請求項につき	200円を加えた額
第 4 年から第 6 年まで	毎年　6,400円に 1 請求項につき	500円を加えた額
第 7 年から第 9 年まで	毎年　19,300円に 1 請求項につき	1,500円を加えた額
第10年から第25年まで	毎年　55,400円に 1 請求項につき	4,300円を加えた額

※　第21年から第25年については，延長登録の出願があった場合のみ
（出所）　特許庁ホームページ（2020年 1 月時点）（https://www.jpo.go.jp/system/process/tesuryo/hyou.html#tokyoryou）

意が必要である。

　第2に，実際に特許権を行使するために必要なコストを考慮する必要がある。これは，社内の特許ポートフォリオの維持管理を行ったり，実際に自社の特許が侵害されていないかを調査したりするのにかかる人件費をはじめとする諸経費のほか，特許を侵害しているおそれのある他社を発見した場合に，特許が侵害されたことの証明や，差止めや損害賠償請求のための裁判など，実際に特許権を行使するために必要なコストである。

　この第2のコストは，①の特許料と比較しても多くの費用がかかり，かつ特許の実際の効力に大きく影響する点で重要である。仮に特許登録をしていても，その特許を侵害している他社を発見して，権利侵害を証明することができなければ，特許を保有していない状態と全く同じになってしまう。したがって，特許を取得するかどうかを検討する際や，すでに持っている特許を保有し続けるかどうかを決定する際には，他社による特許侵害を発見できる可能性や，そのための組織・人員体制を検討し，それらにかかる費用まで考慮に入れることが必要である。このように，知的財産の効率的な活用方法を考える際には，知的財産権を十分に行使することのできる体制となっているかも含めて検討しなければならない。

(2)　知的財産の価値

　特許庁公開のレポート[1]によると，知的財産を評価する方法としては，不動産をはじめとする有形資産と同様に，主に，①原価法（コスト・アプローチ），②取引事例比較法（マーケット・アプローチ），③収益還元法（インカム・アプローチ）がある。

　上記の評価方法にはそれぞれ長所・短所があるが，将来の意思決定の手段として適しているのは③の収益還元法であろう。以下，各手法について簡単に説

1　特許庁・（一社）発明協会アジア太平洋工業所有権センター「知的財産の価値評価について」（2017）

明する（より詳細な説明や価値算定方法については，脚注1の特許庁レポートを参照）。

①　原価法（コスト・アプローチ）

原価法は，特許を入手・開発するために要するコストに基づいて価値評価を行う方法である。原価法には，実際に発生したコストをもとに価値を算定する歴史原価法と，現時点で当該資産を入手・開発する場合にどれだけのコストがかかるかを見積る置き換え原価法があるが，いずれも特許の取得にかかるコストをベースに価値を算定する点では共通している。

原価法は，算定が比較的容易である一方で，当該資産が将来に生み出す収益を反映していないというデメリットがある。多額の費用をかけて生み出した発明であるからといって，必ずしも収益への貢献という意味での価値があるとは限らない。発明に費やしたコストとその発明を権利化した特許の価値は，必ずしも連動しない。少なくとも，不動産や機械のような有形資産と比べると，費やしたコストと事業上の価値との関係は弱いだろう。また，以下は筆者の意見であるが，すでに保有している特許をどのように活用するか，という将来の意思決定を行う上では，すでにサンクコストとなっている過去の取得原価をベースに算定した価値を参考にすることは好ましくないであろう。

これらを踏まえると，原価法は，技術の開発・特許取得の検討段階や，取得した特許の過去のパフォーマンスの評価という観点では活用できるが，特許取得後の効率的な活用方法を検討する際の指標としての活用には限界があるといえる。

②　取引事例比較法（マーケット・アプローチ）

取引事例比較法は，当該資産と類似の資産が市場で取引されている際に，その取引価額を参考に当該資産の価値を算定するものである。この手法は，企業のM&Aの際の価格の妥当性を検証する場合によく活用されている。買収対象となる企業と同じ業種の企業が年間キャッシュ・フローの何倍で買収されたかをベンチマークとして，当該取引の金額の妥当性をチェックする，といった形

で使われることが多く，マルチプル法とも呼ばれている。過去に実際に行われた取引をベースに価値を算定することから，納得感の高い価格を算定することができる点がメリットである。

特許をはじめとする知的財産の価値算定に当手法を適用する際に問題となるのは，類似取引に関する情報がほとんど集まらないことである。技術は個別性が強く，また企業買収の場合と異なり取引内容が秘匿されることが多い。したがって，取引事例比較法は，適用できた場合には一定程度納得感のある価値を算定できるものの，参考とすべき情報の取得が極めて難しいため，現実的には活用が難しい手法といえる。

③ 収益還元法（インカム・アプローチ）

収益還元法は，特許が将来にもたらす収益（多くの場合はキャッシュ・フロー）をもとに特許を評価する方法である。企業価値や事業価値を評価する際に用いられるDCF法と同様に，当該特許が将来にわたってもたらすキャッシュ・フローを算出し，それらを現在の価値に割り引いて価値を算定する，というのが基本的な考え方である。

当該手法は，特許の将来の収益性を反映した評価方法であり，特許を保有し続けるかどうかの意思決定や，売却の際の価格算定に適した経済合理性の高い方法である。一方で，将来の収益予測という不確実性が高く，また主観が入らざるを得ない数値を採用する必要があるため，その客観性を担保するためのデータ収集や算定ロジックの構築が重要となる点には注意が必要であろう。

(3) 特許が将来もたらす価値を試算する

以上で見てきたように，特許をはじめとする知的財産の効率的な活用方法を検討する上では，当該資産の価値を収益還元法によって試算することが好ましい。一方で，知的財産を保有することで将来もたらす収益はどのように算定すればよいのであろうか。

　先に挙げた特許庁のレポートでは，インカム・アプローチによる知的財産の評価方法として，①資産控除法（企業価値残価法），②ルール・オブ・サム法，③利益三分法，④リリーフ・フロム・ロイヤルティ法が紹介されている。**図表6-4**にこれらの手法の概要と，各手法を用いて技術の価値（知的財産の価値

【図表6-4】　インカム・アプローチによる評価方法

評価方法	概　要	知的財産（技術）の価値の算定式
資産控除法（企業価値残価法）	・技術などの知的財産を用いて営まれる事業全体の価値から，技術とは関係ない資産（金融資産，有形資産等）の価値を差し引いて無形資産の価値を算出し，それに技術のウェイトをかけることで技術の価値を推定する。 ・技術のウェイトについては，可能な範囲でデータを収集・分析し，推計する必要がある。	（事業価値－その他の資産価値）×技術のウェイト＝無形資産の価値×技術のウェイト
ルール・オブ・サム法	・事業によって得られた収益のうち，25％程度が技術によって得られた価値に相当するという考え方に基づく。 ・実証的な分析に基づいて導かれた理論ではないものの，米国におけるライセンス取引等の実務では広く一般的に使用される。 ・事業価値に乗じる係数（25％）については，必ずしも固定的なものでなく，技術や事業の特性に応じ適宜設定して構わない。	事業価値×25〜30％程度
利益三分法	・事業による利益（通常は将来の営業利益を現在価値に割り引いたもの）が，資本・経営力・技術の3要素から生み出されるものと考え，利益を3分した額を技術に帰属させるべきとする考え方に基づく。	事業（営業）利益の割引現在価値×1/3
リリーフ・フロム・ロイヤルティ法	・事業から生み出される売上高に，当該技術を外部からライセンスを受けて導入する場合のロイヤルティ・レートを乗じた金額を，当該技術の価値とみなす。	売上高×ロイヤルティ・レート

（出所）　特許庁・（一社）発明協会アジア太平洋工業所有権センター（2017）「知的財産の価値評価について」31〜34頁をもとに筆者作成

も同様）を算出する際の算定式を示す（より詳細な説明については，脚注1の
レポートを参照のこと）。

⑷　知的財産の価値評価手法の課題

　ここまで，知的財産の価値を算定するための一般的な方法について説明して
きた。これらの手法はいずれも一定の合理性を持つものではあるが，実務上そ
のまま活用することができるケースは稀であろう。というのも，上記の手法に
よって知的財産の評価を行い，より効率的な活用方法を検討する上では，以下
に挙げる2つの問題が生じると想定されるからである。

　第1の問題は，特許権をはじめとする個々の知的財産と，収益アプローチで
用いる利益や収益とを1対1で結びつけることが難しい点である。実際のビジ
ネスを考えると，1事業に1つの知的財産しか活用されていないケースはほぼ
存在しないであろう。ある1つの製品を製造するためには，通常複数の特許権
が同時に使用されると考えるほうが自然である。また，事業収益の増加に貢献
する知的財産としては，特許権以外にも，知的財産権として登録していないノ
ウハウや技術，意匠権，商品のブランド価値に影響を与える商標権なども含ま
れる。逆に，1つの特許が複数の事業で共通的に使われるケースもあるだろう。
このように，ある製品・事業から得られる利益とそのために用いられる知的財
産は，通常は1対1対応とならない。一方で，知的財産の活用効率（あるいは
ROI）を高めるためには，可能な範囲で個々の知的財産のパフォーマンスを評
価することが好ましい。したがって，収益還元法で算定される知的財産の価値
を，一定の基準に基づいて個々の知的財産に割り振る必要がある。

　第2の問題は，個々の知的財産の事業への貢献度は，その特性によって程度
が全く異なると想定される点である。例えば，特許権だけに注目しても，その
特許が市場参入上，必須のものであり他社の参入を抑止することで利益に貢献
しているのか，あるいは必須ではなくとも他社商品と品質面・コスト面での差
別化の源泉となるようなものなのかによって，利益への貢献のルートや度合い

は大きく異なるだろう。特に後者の場合は，差別化による単価向上やコスト削
減による粗利改善にどの程度貢献しているかは特許により様々であると考えら
れる。あるいは，他の特許権とセットでなければ活用ができないため，単体で
の効果検証が困難な特許権もあるかもしれない。

　以上をまとめると，企業内の知的財産を効率的に活用するためには，個々の
知的財産のレベルまで落とし込んで当該資産の価値を算定することが望ましい
ものの，事業全体から得られる収益をベースにした価値算定ではそれが困難で
ある，といえる。

　これらの問題を克服し，個々の知的財産の価値を厳密に試算しようとする場
合に，「仮に当該資産を使用することができなくなった場合に，自社の事業価
値がどれだけ減少するか」を見積る方法が考えられる。ある経営資源が失われ
た結果として，その事業から失われる価値をもって，その経営資源が生み出す
付加価値とみなすことができるためである。例えば，市場への参入に必須の特
許を放棄し，新規参入が増加した場合にどの程度自社の利益が減少するか，あ
るいはある差別化のために必要な特許を放棄した場合にどの程度自社のシェア
が減少し（あるいは製品単価が下がり），利益が減少するかを見積ることがで
きれば，当該知的財産の正味の価値を見積ることが理論的には可能である。

　後に説明する特許権の売却や放棄，ライセンシングなど，自社活用以外の活
用による収益化は，その手法次第では自社の事業に大きな悪影響を与える可能
性がある。したがって，最終的にそれらのアクションを取る場合には，上記の
方法を用いて，対象となる知的財産に関して個別に影響を検証する（すなわち，
アクションごとの価値を試算する）必要があろう。一方で，このような個別の
検討には極めて多くの労力を要する。当該特許をオープンにすることで，新た
に市場に参入したり自社製品の模倣をしたりするプレーヤーがいないかを検証
するためには競合企業の調査が必要であるし，差別化の効果を算定するために
は，当該特許により実現される製品機能の向上に対して顧客が支払っているプ
レミアムを試算する必要がある。このように，戦略的・マーケティング的な要
素を含む調査や分析により，客観的な根拠を揃えていく作業が必要となるので

ある。

　例えば，ドイツに本社を置くシーメンス（SIEMENS）では，特定の事業部門において，顧客がどのような価値を見出して同社製品を購入しているのか（Unique Selling Proposition；USP）を特定し，それらを保護するために知的財産権を取得する，というスタンスで知的財産を管理している[2]。このように，市場における自社製品の優位性と個々の知的財産権とを結びつける形での検討は重要ではあるものの，実行にはそれなりのコストと時間がかかることも事実であろう。

　これらの事情を踏まえると，いきなりすべての知的財産に対して個別の価値検証を行うのは現実的ではない。まずは，最大限活用されていない可能性のある知的財産を抽出し，それらの知的財産に対してのみ個別の評価を行うというプロセスを取るほうが効率的であろう。そこで，次項において，上記の事業レベルでの収益還元法による価値の試算と，個々の知的財産レベルでの価値算定を組み合わせた知的財産の活用に関する検討フローを提案する。

(5)　実務上の知的財産の価値検証プロセス

　知的財産の活用効率を高めるために筆者が提案する検討フローを**図表6-5**に示した。

　検討の基本的な考え方は，まず自社の知的財産群の中から，効率的に活用できていない可能性の高い知的財産を抽出し，それらの知的財産のより効率的な活用方法を考える中で，必要に応じて個々の資産の価値を算定するというものである。以下，具体的な手順を見ていこう。

　まずは，社内にある知的財産を洗い出していく作業が必要である。このプロセスでは，事業別に関連する特許権や意匠権をはじめとする知的財産をリストアップしていく。これらの知的財産権は研究開発部門やコーポレート部門で管

2　特許庁「経営における知的財産戦略事例集」（2019年6月発行）33頁を参照。

【図表6-5】　実務における知的財産の活用効率の検討フロー

①社内の知的財産の洗い出し	・事業ごとに，社内の知的財産（特許権，意匠権，その他権利化していない技術など）を洗い出してリスト化する。
②知的財産の定性的な分類	・当該知的財産を，事業上の活用度合いや，事業への貢献ルート（参入抑止／差別化等），貢献度によって分類する。
③知的財産全体の価値の算定	・ルール・オブ・サム法や利益三分法により，知的財産全体の価値をざっくりと算定する。
④個々の資産の価値の算定（簡易的な算定）	・事業上の活用度合いや貢献度に応じて，個々の知的財産に分配し，資産の価値を試算する。 ・併せて，知的財産の維持にかかっている費用を個々の知的財産に配賦し，個々の資産の保有コストを試算する。
⑤効率的に活用できていない可能性のある資産の抽出	・②における分類や④の算定結果をもとに，効率的な活用ができていないと思われる知的財産を抽出する。
⑥個別の価値算定・対応策の検討	・抽出した知的財産について，他社への売却やライセンシングといった自社活用以外の方法での収益化など，より効率的な活用方法がないかを検討する。場合によっては権利の放棄も検討する。

理しているだろうから，比較的容易な作業であろう。

　事業別の知的財産のリストアップが終わったら，それらの資産を事業上の活用度合いや保有目的（既存製品やサービスの生産に活用しているか，競合が使用できないようにするための保有か，完全な休眠知財か，等）や，事業への貢献ルート（参入抑止か，差別化か），貢献度合い（決定的な差別化に必要か），希少性・他の技術による代替可能性などによって分類していく。これらはあくまで後の初期的なスクリーニングに用いるためのものであり，分類基準や方法，

段階は，関連するステークホルダー（経営企画部，研究開発部門，事業戦略の担当者など）が納得するように定めればよい。経営における技術の位置づけ（技術関連部門の社内での発言力ともいえる）は個々の企業の事情や事業特性（技術ドリブン型の産業・市場かどうか）によって異なるためでもある。

　なお，ここまでのプロセスは，技術力などに強みを持っている企業であれば，研究開発部門や知財部門において，（おそらくはより高度な方法で）すでに実施している場合も多いであろう。そうでない場合で，新たに導入する場合には，必ずしも知的財産の活用効率をチェックするためだけでなく，例えば企業の長期ビジョンや中期経営計画策定などで自社の強みを整理・分析するプロセスと並行して行うとよいだろう。自社の強みがどのような知的財産によって支えられているか，特にコアとなっている強みは何かを整理する上でも有用な資料となるはずである。

　上記のプロセスを経て社内の知的財産の整理が終わったら，先に説明したルール・オブ・サム法や利益三分法を用いて，事業価値のうち知的財産全体に帰属する分をざっくりと算定する。この金額も，現在のセグメント情報や収支計画をベースとして，割引率などいくつかの変数が定まれば算定することができるだろう。

　事業レベルでの知的財産の推計価値を算定したら，**図表6-5②**の分類を参考にしつつ，個別の知的財産権にその価値を分配する。この際，例えば事業への活用度合いや重要度に応じて配賦の方針を設定するとよい。なお，現在の事業に活用しておらず，かつ将来の事業活動に活用する予定もない知的財産については，基本的に配賦額はゼロとすべきであろう。併せて，知的財産の保有にかかるコストについても，一定の方法で個々の知的財産に割り当てていく。

　このようにして試算した，個々の知的財産の価値およびコストをベースにスクリーニングを行い，効率的な活用ができていないと思われる知的財産を抽出する。明らかに保有価値がマイナスと思われるものや，事業価値への貢献が低い知的財産をピックアップしていくのである。

　最後に，上記のプロセスで抽出した知的財産について，個別に活用方法を見

直していく。具体的には，他社への売却やライセンシングといった自社活用以外の収益化の方法を探るほか，場合によっては権利の放棄も検討する。すべての知的財産の価値を個別に推計すると多大な手間がかかるので，事業価値への貢献が低いと思われる知的財産に絞って個別の検討を行うわけである。

　上記のプロセスの前半は，あくまで一次的なスクリーニングが目的である。したがって，例えば個々の知的財産への価値やコストの配賦を突き詰めて厳密に行う必要はない。実務上，手間がかかりすぎない範囲で，しかし定量的な評価の視点を取り入れていくことがポイントである。仮に知財戦略に力を入れており，すでに厳格にポートフォリオ管理を行っている企業の場合でも，それらの知的財産が本当に価値を発揮しているかを定量的な視点からも検証する仕組みを作っていくことで，収益性の観点から知財戦略の妥当性を検証することには一定の意義があるだろう。

⑹　価値の評価にあたっての留意点

　ここまでで，個別の知的財産のレベルまで落とし込んで，当該知的財産の現在の価値を計算する方法を考察してきた。途中でも何度か触れていることであるが，知的財産の評価にあたっては，完全に客観的で，絶対的な方法は存在しないことに留意すべきである。上記の検討フローでも見てきたように，知的財産の価値算定にあたっては，多くの仮定や主観的な判断が必要である上，将来の収益を見積るプロセスでは相当の不確実性が介在する。

　個々の知的財産の価値を試算する目的は，あくまで，①「事業価値の向上に寄与しているかどうか」という定量的な視点から自社の持つ知的財産を見直すこと，②知的財産をより効率的に活用するための方針を検討するにあたって，社内外での合意形成を行うための共通の議論の枠組みを持つこと，である。

　企業内ですでに導入している定性的な知的財産の評価・管理と，ここまで検討してきた定量的・財務的な知的財産の評価・管理の概念を上手く組み合わせて，社内の知的財産の活用効率を多面的な視点から見直していくプロセスを構

築していくことが重要である。このプロセスの結果として，十分な活用がなされていなかったり，財務的なリターンに結びついていなかったりする可能性がある知的財産がみつかった場合には，後に説明するような他のオプションがないかを検討していけばよい。

4 ┃ 知的財産の権利化

　知的財産の活用オプションについて説明する前に，知的財産を権利化すること（特に，発明を特許権，あるいは実用新案権として出願・登録すること）のメリットとデメリットについて整理しておこう。発明を新たに権利化するかどうかは，一見すると本章の冒頭で述べた検討の範囲から外れるようにも思われる。あえてこれらを取り上げるのは，次項で説明する活用オプションを検討したり，あるいは社内で知財戦略について担当部門と議論したりする上では，知財化のメリットとデメリットに関する基本的な考え方を理解しておくほうが望ましいと思われるためである。

(1)　権利化のメリットとデメリット

　発明を特許出願することの最大のメリットは，言わずもがなではあるが，他社がその発明を模倣することを防ぐことにより，自社の市場への参入を防いだり，自社製品と他社製品の差別化を図ったりすることができ，結果としてより大きなシェアの獲得や高い利益率を達成できる可能性があることである。加えて，知的財産の収益化という観点からは，他社へのライセンスや売却など，自社でその発明を実施する以外の方法での収益化が可能となる点が重要である。すなわち，ライセンスや売却といった選択肢を取るためには，特許として申請することで法的に権利化することが必須なのである。
　一方で，特許出願を行うことの最大のデメリットとしては，先に説明したように一定の費用が発生するほか，その発明の方法について一般に広く公開しな

くてはならないことが挙げられる。そもそも特許権をはじめとする産業財産権は，発明を広く公開する代わりに，当該発明を実施することで得られる経済的な利益について一定期間独占することを認めることによって，発明を促進するとともに，産業全体のレベルで効率的な発明が行われるようになることを目的としている。「産業全体のレベルで効率的な発明が行われる」というのは，全く同じ発明について，複数の企業が投資を行ってしまうことで，産業全体として見た場合の研究開発効率が低下することを防ぐことを意味する。また，公開しなければ，他社から見た場合に特許権を侵害しているかどうかを判断することができず，意図せず他社の特許権を侵害してしまうことにもなりかねない。これらの背景から，特許出願された発明の内容は，原則として出願から1年6カ月後を目安に公表されることになっているのである[3]。

　このようなデメリットを考慮すると，発明の特性によっては，特許出願せずに社内機密として厳密な情報管理のもとで非公開にしておくこと，すなわち秘匿化するほうが合理的な選択肢になることがわかる。秘匿化が合理的かどうかを判断するにあたってよく取り上げられる基準としては，「リバース・エンジニアリングによる模倣が可能かどうか」というものが挙げられる。リバース・エンジニアリングとは，ある発明が使用されている製品を市場で購入し，その製品を分解したり解析したりすることによって，その製品の動作の原理や製造方法を明らかにすることを指す。例えば，家電やスマートフォンなどは，分解して内部の構造を分析し，それによって同じ品質の製品を作り出すことが可能である。このようにリバース・エンジニアリングによる模倣が可能な製品の場合，特許権などの知的財産権によってその発明の権利を保護しなければ，自社の発明を他社に模倣されてしまう。

　一方で，例えば一部の素材産業のように，その製品の加工順序や条件といった製造プロセスが製品の品質を決める上で重要であり，かつ市販されている製

3　ただし，出願公開前に当該出願が放棄あるいは却下された場合などには公開されない。また，他社の模倣行為を早期に防止することを目的に，逆に早期公開を申請することも可能である。なお，意匠権の場合，秘密意匠の形で設定登録から3年間秘密にすることができる。

品を分析してもその製造プロセスがわからない場合には，あえて特許化せずに秘匿してブラックボックス化してしまうほうが，自社の競争優位性を持続させる上で効果的な場合もある。あえて特許登録して公開した場合，一定期間後には当該特許が切れて市場に参入することが可能となるほか，特許の内容を参考に他の発明をされたり，場合によっては迂回発明など特許の回避策に利用されたりして，特許登録しない場合よりもかえって自社の利益を減らしてしまう場合があるためである。

　このように，権利化にはメリットとデメリットがあり，これらを総合的に考慮した上で，当該知的財産を権利化するかどうかを決定する必要がある。

　以下で知的財産の活用オプションを説明するが，ここまでの内容からわかるように，売却やライセンシングといったオプションを実行するためには，あくまでその技術が特許権や実用新案権などの形で権利化されていることが前提となる。自社の強みの源泉となっている知的財産であっても，それらが権利化されていない場合には自社活用以外の方法は限定される（ただし，独自の生産プロセスを活用したOEM事業を手掛けるなどの，社内で実施しながらも事業領域を拡大するような形での活用は考えられる）。一方で，権利化のデメリットを考えると，必ずしもあらゆる技術や発明を権利化することが合理的なわけではないことを理解しておく必要がある。

(2)　「守りの知財」から「攻めの知財」へ

　ここまで，知的財産を自社活用以外の方法で検討するためには権利化が重要であるものの，実際に権利化するかどうかを検討するにあたっては，権利化によるデメリットも勘案した上で判断する必要があることを説明してきた。いずれにせよ，すでに権利化した知的財産，すなわち自社が保有している知的財産権については，（権利化が合理的であったかはさておき）それらを最大限活用する必要があることに変わりない。

　知的財産には，「守りの知財」と「攻めの知財」があるといわれる。「守りの

知財」とは，自社の事業領域に他社が入ってこないようにするための防衛策として知的財産を捉える考え方である。一方で「攻めの知財」とは，特許権などの知的財産権を積極的に活用し，競合企業が得意とする事業領域に進出したり，ライセンス・フィーや売却などの形で収益化しようとしたりする考え方である。自社の事業に直接的に活用していない知的財産権については，この「攻めの知財」としての活用方法を探っていく必要がある。

5 ▎知的財産権の活用方法の検討

■ 基本的な検討方針と手段

　以上を踏まえた上で，所有している知的財産権の活用オプション（選択肢）を見ていく。知的財産権の活用方法としては，**図表6-6**に示すように，大きく，①自社のみでの利用，②防衛のための保持，③他社へのライセンシング，④売却，⑤満了あるいは放棄による効力消滅，がある。以下，各オプションについて個別に説明する。

　なお，知的財産権の活用オプションの検討にあたっては，事業のライフサイクルを意識することが重要である。例えば，製品の導入期や成長期には自社のみで特許を活用してシェアを拡大しつつ，市場や技術の成熟に伴ってより高度な技術が出てきた場合には，古い特許権を海外企業にライセンシングするなど，ライフサイクルに応じて最適な活用方法は変化すると考えられるためである。通常想定される特許の活用方法と事業ライフサイクルとの関係について，**図表6-7**に示す。ただし，あくまで一例であり，個別の産業や製品によって多様なパターンが考えられる点に留意いただきたい。

① 自社のみでの活用

　知的財産権の第1の活用方法として，他社へのライセンシングを行わず，自社のみで活用する方法が考えられる。いわゆる「守りの特許」としての使用で

【図表6-6】　知的財産権の活用オプション

自社での活用	他社による活用		活用オプション
あり	なし	自社のみでの利用	・他社の参入や模倣を防ぐため，権利化して自社のみで使用する。
	あり	ライセンシング	・自社で活用しつつ，競合他社へのクロスライセンスの手段としたり，海外企業など直接的に競合しない企業へのライセンスを行うことでフィーを得たりする。 ・市場の活性化による早期拡大を促したり，業界標準を形成したりするために，あえて競合他社にライセンシングを行うケースもある。
なし	あり	ライセンシング	・自社で直接事業に活用しなくなった場合でも，売却せずに他社にライセンシングすることでフィーを得る。
		売却	・自社の事業活動に使わなくなった知的財産権について，当該資産を必要とする他社に売却する。
	なし	防衛のための保持	・他社が当該発明を実施することで自社の事業の妨げとならないよう，防衛策として権利を保持しておく。
		満了・放棄	・満期を迎えて効力を失うか，あるいは強力な代替技術の出現や市場自体の縮小を受けて満了前に権利を放棄することにより，特許権が消滅する。

ある。

　他社へのライセンスを行わず，自社のみで活用することが好ましいのは，当該知的財産権が自社の技術的コア領域に当たる場合や，事業ライフサイクルの導入期や成長期にあり，自社で当該特許権を囲い込むことで高い売上成長を獲得できる場合である。これらのケースでは，当該発明を独占的に行い，市場における競争力を維持することが得策であろう。

　なお，**図表6-7**において，衰退期に「自社のみでの活用」や「防衛のため

【図表6-7】　知的財産権の活用オプションと事業のライフサイクル

自社での活用	他社による活用	活用オプション	活用が想定される事業ライフサイクルの段階			
			導入期	成長期	成熟期	衰退期
あり	なし	自社のみでの活用	←———————————→			
	あり	ライセンス		←——————————→		
なし	あり	ライセンス			←———→	
		売却			←——————→	
	なし	防衛のための保持	←———————————→			
		満了・放棄			←——————→	

の保持」がなされると記載していないのは，そもそも衰退期になると他社が当該市場に参入したり，製品改良のための投資を行ったりするインセンティブが弱まるために，当該市場における他社への優位性の維持を目的として特許を保有することの意義が薄れるためであって，必ずしも「衰退期になったら特許を売却すべき」という趣旨ではない。当該特許が他の事業に転用可能な場合など，自社のコアの強みにかかわる事業の場合には，継続して保有し続けるべきであろう。

②　防衛のための保持

　知的財産権の第2の活用方法として，防衛のための保持が考えられる。これは，自社で当該特許権などを活用するわけではないものの，他社が実施することで自社の事業の妨げとなることがないよう，権利を保持し続けるものである。図表6-2で示した特許件数のうち，未利用特許のうち「防衛目的件数」に当たり，国内の有効特許数の実に4割弱を占める。

　このような特許は，（知的財産制度の本来の趣旨からは外れるものの）企業の利益保持の観点からは①の自社のみでの活用と同様に重要であり，基本的に

は保持し続けることが合理的である。ただし，実施する意図がなく，かつ競争相手の事業活動や新規参入を阻害することで明らかに経済全体の利益を損なっている場合，政府が強制的に実施権を他社に付与させる「強制実施制度」も法律上は認められているため，行き過ぎには留意が必要である[4]。

なお，次項で説明するように，他社へのライセンシングは，実施対象とするエリアや期間を区切って行うことが可能である。したがって，防衛のために保持している知的財産権であっても，海外など自社が事業を行わないエリアに限って実施を認めたり，他業種の企業へのライセンシングの機会を探ったりするといった形で，より効果的に活用することも考えられる。

③ ライセンシング

知的財産権の第3の活用方法として，他社に当該知的財産の使用を認める代わりにフィーを徴収するライセンシングが考えられる。ライセンシングはさらに，自社で活用していない特許権をライセンシングする形態と，自社で活用しながら他社にも使用を認める形態とに分けられる。

前者の自社で活用していない特許権をライセンシングする形態については，例えば自社が当該特許権を活用する事業から撤退したり，製品の仕様変更や生産プロセスの改善によって当該特許を使用しなくなったりした場合に，他社の活用を認めることが考えられる。事業に直接使用しない場合でも，売却せずに他社にライセンシングの形で実施を認めることによって，ライセンス・フィーの形で収益を得ることができる。売却ではなくライセンスの形をとることのメリットとは，当該特許をベースとしてさらに発展的な発明をしたり，将来再度当該技術を使用したりするといった選択肢を残すことができる点にある。仮に特許権を売却してしまった場合には，自社がその特許を実施する権利も奪われ

4　法律上は可能であり，また実際に実施を求める政府への裁定請求がなされた事例はあるものの，本書の出版時点においては，国内で政府による実施権設定がなされた事例はない。ただし，海外においては，2012年にインド特許局がドイツの製薬メーカーに対して強制実施権を発動した事例がある（詳細についてはJETROビジネス短信「現行特許法で初の強制実施権発動―日本企業の製薬ビジネスにも危機感―」（2012年3月19日）を参照）。

てしまうためである。

　一方で，後者の自社で活用しつつ他社の活用も認める形態については，自社事業を防衛しつつライセンシングを行う場合と同様に，a．自社が事業を行わない地域や期間，あるいは競合しない業種に限ってライセンスを認めるケースのほか，b．自社の特許を使用させる代わりに相手の特許を活用させてもらうクロスライセンスが考えられる。また，c．早期の市場拡大や業界標準の形成を図るため，（主に当該業界のリーダー企業が）あえて競合他社にライセンスを行うケースも存在する。

　b．クロスライセンスが多く用いられるのは，事業の成長期や成熟期など，当該領域における各社の技術開発が進み，製品の品質を高めたりコストを下げたりする上で有用な特許を，各社がそれぞれ保有しているような状態である。この場合には，有力かつ相互に活用できる特許を保有している企業同士でクロスライセンス契約を結ぶことで，契約締結した企業グループの競争力を高めることが可能となる。②の防衛のために保持している特許は，最終的に競合企業からクロスライセンスを引き出すための切り札としての活用方法も考えられることは認識しておくべきである。

　c．早期の市場拡大や業界標準の形成を図ることを目的としたライセンスの付与は，いわゆる「オープン化戦略」と呼ばれるものである。特にネットワーク効果（購入者や利用者が増えることで，その財やサービスの価値が高まる効果。「LINE」などのSNSや通信方式などでみられる）が働く産業や，補完財の存在が重要となる産業においては，あえて市場参入に重要な技術を公開して様々なプレーヤーの参入を促し，市場自体の活発化を促す戦略をとることが有効な場合がある。このような戦略については，専門的な著作が多数出版されているため詳細は割愛するが[5]，最近の事例としては，トヨタが燃料電池に関する特許を無償公開したケースなどが挙げられる。燃料電池は，燃料スタンドなどのインフラが普及することで燃料電池車が増え，それによって燃料スタンド

5　代表的な書籍としては，例えば小川紘一『オープン＆クローズ戦略―日本企業再興の条件　増補改訂版』（翔泳社，2016年）がある。

が増えるというように，典型的なネットワーク効果の働く産業である。そのため，あえて燃料電池に関する特許をオープンにすることで，燃料電池産業全体への投資を促すことには一定の合理性があると考えられるのである[6]。

④ 売　却

自社で使用する見込みのなくなった特許については，ライセンシングのほか，売却という手段による現金化も考えられる。自社が事業自体から撤退するケースなどでは，ライセンスではなく売却という手段が取られることもあるだろう（もっとも，この場合には知的財産のみではなく事業ごと売却されるほうが一般的である）。

知的財産を売却することのデメリットについては③で述べたとおりである。一方で，知的財産を売却することのメリットは，早期の現金化が可能になることである。したがって，事業や当該領域から撤退し，新たな事業領域に投資を行う場合には，売却によって早期に現金を得るほうが合理的な判断となり得る。

＊　＊　＊

さて，ライセンシングにせよ売却にせよ，他業種の企業に対してこれらを行うことは，一般に同業他社に対して行うことよりも難しい。というのも，研究開発の大半は，特定の産業や製品，生産工程で活用されることを念頭に実施されており，その結果取得される特許も当然，特定の産業や製品領域では活用されるものの，当初の想定と異なる産業で活用する方法を探し出すのは困難だからである。言い換えれば，同業他社にライセンシングしたり，売却したりする場合には，その候補となる企業をみつけやすいが，他業種の場合にはその特許権を必要とする企業がどこにいるかをみつけ出すのが非常に困難なのである。特に，日本は欧米諸国と比べ，知的財産取引の仲介市場が発達していないとされる。同業他社に安易に売ることはできないが，かといって他業種でその技術

6　本事例については，鮫島正洋＝小林誠『知財戦略のススメ　コモディティ化する時代に競争優位を築く』（日経BP社，2016年）にて詳しい分析がなされている。

を活用してくれそうな企業はなかなかみつからない。このことが，休眠特許が増えてしまいやすい根本的な原因である。

　このような問題の解決策として，自社で有力な売却先を探し出すのではなく，信頼できる知財ファンドに権利の管理を任せたり，先に挙げたような自治体や公的機関・金融機関が運営する知財マッチング・プラットフォームに登録したりする方法が考えられる。いずれも，必ずしもすぐに収益化が見込める手法というわけではないが，自社で地道に売却先やライセンシング先を探すよりは多少効率的であろう。また，マッチング・プラットフォームや知財ファンドに参加する企業が増えていくことで，中長期的には知的財産権の取引市場が活発になり，現在よりも売却先やライセンシング先をみつけ出しやすくなることも期待される。

　ちなみに，休眠特許の活用方法の少々変わった事例として，森永製菓が「エンゼル・スマイル・プロジェクト」という取組みを行っている。これは，森永製菓が保有・公開する特許権のライセンスを使用することを他社に認め，その企業が商品の製造や販売により得た売上の一部をライセンス・フィーとして森永製菓に支払う代わりに，子どもたちの支援のために自治体などに寄付してもらう取組みである。同プロジェクト第1号として2019年10月に，株式会社スエヒロが宇治抹茶チョコ大福「エンゼルのほっぺ」を発売した。休眠特許を単にライセンス・フィーを得るための手段として使用するのではなく，近年注目が集まりつつあるSDGsやCSR（企業の社会的責任）に貢献する意味合いを持たせることによって，活用してくれる他社が集まりやすくなる取組みといえるだろう。

⑤　放棄・満了

　医薬品などを除き，特許権は出願日から20年，実用新案権は出願日から10年，意匠権は設定登録の日から20年経つと，期間満了となりその効力を失う。効力を失った知的財産権は，参入障壁や模倣障壁の構築といった企業のシェアや利益増加に資する役割を果たさなくなる。また，ライセンスや売却も不可能とな

るから当然，当該知的財産権の価値も消滅する。市場で競争優位性を保ち続けるためには，既存の特許権などが期間満了となるまでの間に，次の優位性の源泉となる新たな技術を開発する必要がある。

　知的財産権が一定期間で消滅することは，言い換えれば，特許権をはじめとする知的財産権の価値は，満了期間が近づくほど小さくなることを意味する。なぜならば，収益還元法における知的財産権の価値は，その知的財産権が将来にわたってもたらすキャッシュ・フローの割引現在価値の合計を表すものだからである。仮に年当たりのキャッシュ・フローへの貢献額が同等であっても，有効期間が20年間残っている特許の価値と，5年間しか残っていない特許の価値は異なるのである。この点は，原則としてゴーイング・コンサーン（going concern），すなわち事業の永続的な継続を前提として価値算定を行う企業あるいは事業のバリュエーションとの大きな違いである。

　保有する知的財産権が期間満了を迎える前に，企業自ら特許権を放棄するという選択肢もある。放棄という選択肢が採られるのは，例えば新規技術の普及により旧来の特許を使用した製品が代替されてしまったり，あるいは当該製品の市場自体が衰退したりしてしまい，もはや自社での活用も他社による活用も見込みがたいようなケースである。このような場合，将来当該特許を再活用する可能性と，保有・維持に係る登録料や人件費といったコストとを天秤にかけて，場合によっては期間満了を待たずに当該権利を放棄することも選択肢となるであろう。

6 ┃ まとめ

　以上，本章では特許権をはじめとする知的財産権について，より効率的な活用方法を検討するための枠組みについて説明してきた。

　本章で示してきたように，知的財産（権）の特徴は，企業の競争優位性およびその結果としての企業価値向上のために重要な役割を持つ経営資源でありながらも，多くの場合，バランスシートにその価値が記載されないこと，および

客観的な価値の測定に手間を要することである。このような事情から，しばしば企業の業績や企業価値への貢献度が検証されないままに，保有する知的財産権の数ばかりが増えてしまうという事態に陥りやすい。また，技術的な専門性の高い領域であるため，経営管理・財務管理の担当部署が知的財産権の管理に介入しにくいことも，このような事態を助長する要因であろう。

　筆者は，知的財産権のマネジメントに関しては，基本的に「餅は餅屋」のスタンスでよいと考えている。特に，当該技術が製品機能のどのような点に現れるか，競合企業の参入や模倣を防ぐ上でどのように貢献しているのか，技術同士がどのように関係しているのか，といった知的財産権の定性的な評価や整理については，研究開発部門や知財部門に任せたほうがよいであろう。しかしながら，そのような定性的な評価ばかりに任せていると，経営管理の担当部署から見た研究開発の管理プロセスがブラックボックス化し，結果として不要な特許や十分に活用できていない特許ばかり増えていく，という事態に陥りかねない。そこで研究開発部門や知財部門が行っている定性的な管理と，本章で示したような定量的な評価とを上手く融合させ，企業価値への貢献度という観点からもモニタリングを行うことのできるような管理プロセスを構築していくことが好ましいであろう。

第7章

IT資産マネジメントの
ポイント

　新たなIT技術を活用したデジタルトランスフォーメーション（DX；Digital Transformation）が脚光を浴びている。本来，DXと企業のIT資産マネジメントは別次元の話であるが，経済産業省が公表した「DXレポート」では，日本企業のDX推進を妨げる存在が「現状の基幹系システムである」と指摘している。

　本章では，まずIT資産をめぐる外部環境の変化を概観してから，IT資産の現状と課題を解説している。次に「DX推進ガイドライン」や「DX推進指標」を紹介し，DXを実現すべくITシステムを構築していく上でのアプローチや必要なアクションを紹介している。そして最後に架空のA社を対象としたコンサルティングを通して，老朽化した基幹システム刷新の流れを解説している。

1 ┃ IT資産を取り巻く環境の変化

(1)　AI，IoT技術の急速な普及

　あらゆるモノがネットでつながるIoT等を通じて活用できるデータが爆発的に増加し，また，AI，クラウド，マイクロサービスやクラウドを活用したアジャイルアプリケーション開発，ブロックチェーン，AR/VR等データを扱う新たなデジタル技術の活用の可能性が広がっている。

こうした中で，あらゆる産業において，これらの新たなデジタル技術を活用して，これまでにないビジネスモデルを展開する新規参入者が登場し，デジタル・ディスラプションと呼ばれるゲームチェンジが起きつつある。このような環境において，各企業は，競争力維持・強化のために，デジタルトランスフォーメーション（DX；Digital Transformation）をスピーディーに進めていくことが死活問題となっている。

DXを実行するにあたっては，新たなデジタル技術を活用して，どのようにビジネスを変革していくかの経営戦略そのものが不可欠である。しかしながら，DXの必要性に対する認識は高まり，そのための組織を立ち上げる等の動きはあるものの，ビジネスをどのように変革していくか，そのためにどのようなデータをどのように活用するか，どのようなデジタル技術をどう活用すべきかについて，具体的な方向性を模索している企業が多いのが現状と思われる。

こうした中で，例えば，経営者からビジネスをどのように変えるかについての明確な指示がなされないまま「AIを使って何かできないか」といった指示が出され，PoC（Proof of Concept；概念実証，新しいプロジェクト全体を作り上げる前に実施する戦略仮説・コンセプトの検証工程）が繰り返されるものの，ビジネスの改革につながらないといったケースも多いとの指摘がなされている。

ITはこれまで主に現状把握，業務活動の記録，すなわち「見える化」による業務プロセスの効率化に使われてきた。そして，これからのITには，加えて，顧客価値の増大につながる新ビジネスの創出に使われるようになることが予測されている。大切なのは，この車の両輪をいかに上手にコントロールしていくかである。

⑵　DX研究会の立ち上げ

あらゆる産業において，新たなデジタル技術を利用して，これまでにないビジネスモデルを展開する新規参入者が登場し，ゲームチェンジが起きつつある。

こうした中で，各企業は，競争力維持・強化のために，DXをスピーディーに進めていくことが求められている。

　ここで，DXとは「企業がビジネス環境の激しい変化に対応し，データとデジタル技術を活用して，顧客や社会のニーズをもとに，製品やサービス，ビジネスモデルを変革するとともに，業務そのものや，組織，プロセス，企業文化・風土を変革し，競争上の優位性を確立すること。それによって企業として安定した収益を得られるような仕組みをつくること」と定義する。DXとは，既存のビジネス手法を単にデジタルに置き換えることではなく，先進のデジタル技術を前提に，ビジネスをゼロから組み直すことである。

　このような中で，わが国企業においては，多くの経営者がDXの必要性を認識し，DXを進めるべく，デジタル部門を設置する等の取組みが見られる。しかしながら，PoCを繰り返す等，ある程度の投資は行われるものの実際のビジネス変革にはつながっていないという状況が多くの企業に見られる現状と考えられる。

　今後，DXを本格的に展開していく上では，DXによりビジネスをどう変えるかといった経営戦略の方向性を定めていくという課題もあるが，そもそも，既存システムが老朽化・複雑化・ブラックボックス化する中では，データを十分に活用しきれず，新しいデジタル技術を導入したとしても，データの利活用・連携が限定的であるため，その効果も限定的となってしまうという問題が指摘されている。また，既存のITシステムがビジネス・プロセスに密結合していることが多いため，既存システムの問題を解消しようとすると，ビジネス・プロセスそのものの刷新が必要となり，これに対する現場サイドの抵抗が大きいため，いかにこれを実行するかが課題となっているとの指摘もなされている。こうした中では，既存のITシステムをめぐる問題を解消しない限りは，新規ビジネスを生み出し，かつ俊敏にビジネスモデルを変革できない，すなわちDXを本格的に展開することは困難であると考えられる。

　また，既存システムの運用・保守に多くの資金や人材が割かれ，新たなデジタル技術を活用するIT投資にリソースを振り向けることができないといった

問題も指摘されている。

　さらに，これを放置した場合，今後，ますます運用・保守コストが高騰する，いわゆる技術的負債の増大とともに，既存システムを運用・保守できる人材が枯渇し，セキュリティ上のリスクが高まることも懸念される。

　もちろん，すでに既存ITシステムのブラックボックス状態を解消している企業や，そもそも大規模なITシステムを有していない企業，あるいはITシステムを導入していない分野でデジタル化を進めている企業等，上記のような問題を抱えていない企業も存在するが，わが国全体を見た場合，これらの問題を抱えている企業は少なくないものと考えられる。

　以上の背景から，経済産業省では2018年5月に「デジタルトランスフォーメーションに向けた研究会」（座長：青山幹雄南山大学理工学部ソフトウェア工学科教授）を設置し，ITシステムのあり方を中心に，わが国企業がDXを実現していく上での現状の課題の整理とその対応策の検討を行った。ITシステムが今後DXを実行していく上での大きな課題であることから，DXを実現していく上でのITシステムに関する現状の課題やその対応策を中心に議論された。もちろん，ITシステムの見直しには，デジタル技術を活用してビジネスをどのように変革するかについての経営戦略が必要であり，それを実行する上での体制や企業組織内の仕組みの構築等が不可欠である。このため，これらの点についても議論された。

　また，研究会では，「DXレポート〜ITシステム『2025年の崖』の克服とDXの本格的な展開〜」として報告書を取りまとめた（2018年9月7日公表）。報告書においては，DXを実現していく上でのアプローチや必要なアクションについての認識の共有が図られるようにガイドラインを取りまとめることが必要であるとの指摘がなされ，ガイドラインの構成案について提言がなされた。この提言を受け，経済産業省は，DXの実現やその基盤となるITシステムの構築を行っていく上で経営者が押さえるべき事項を明確にすること，取締役会や株主がDXの取組みをチェックする上で活用できるものとすることを目的として，ガイドライン「デジタルトランスフォーメーションを推進するためのガイドラ

イン」（DX推進ガイドライン）を策定した。以後，まずは「DXレポート」を
通じて，日本企業のITシステムの現状と課題を概観する。

(3)　2025年の崖

　あらゆる産業において，新たなデジタル技術を活用して新しいビジネスモデ
ルを創出し，柔軟に改変できる状態を実現することが求められている。しかし，
何をいかになすべきかの見極めに苦労するとともに，複雑化・老朽化・ブラッ
クボックス化した既存システムも足かせとなっている。

　複雑化・老朽化・ブラックボックス化した既存システムが残存した場合，
2025年までに予想されるIT人材の引退やサポート終了等によるリスクの高ま
り等に伴う経済損失は，2025年以降，最大12兆円/年（現在の約3倍）に上る
可能性がある。

　この場合，ユーザ企業は，爆発的に増加するデータを活用しきれずにDXを
実現できず，デジタル競争の敗者となるおそれがある。また，ITシステムの
運用・保守の担い手が不在になり，多くの技術的負債を抱えるとともに，業務
基盤そのものの維持・継承が困難になる。サイバーセキュリティや事故・災害
によるシステムトラブルやデータ滅失・流出等のリスクも高まることが予想さ
れる。DXを進めていく上ではオープン化・相互運用化が拡大していくため，
特に重要インフラ企業におけるシステム刷新については，リスクが大規模に広
がることのないように十分な配慮の上で計画的に進める必要があり，政策的な
措置が求められる。

　他方，ベンダー企業は，既存システムの運用・保守にリソースを割かざるを
得ず，成長領域であり主戦場となっているクラウドベースのサービス開発・提
供を攻めあぐねる状態になる。一方，レガシーシステムサポートの継続に伴う
人月商売の多重下請構造から脱却できないと予想される。

2 ┃IT資産の現状と課題

(1) IT資産の老朽化とブラックボックス化

　DXを実行していくにあたっては，データを収集・蓄積・処理するITシステムが，環境変化，経営・事業の変化に対し，柔軟に，かつスピーディーに対応できることが必要である。そしてこれに対応して，ビジネスを変えていくことが肝要である。

　しかし，一般社団法人日本情報システム・ユーザー協会（JUAS）による2017年度の調査によると，わが国の企業においては，ITシステムが，いわゆる「レガシーシステム」となり，DXの足かせになっている状態が多数見られるとの結果が出ている。レガシーシステムとは，技術面の老朽化，システムの肥大化・複雑化，ブラックボックス化等の問題があり，その結果として経営・事業戦略上の足かせ，高コスト構造の原因となっているシステムのことである。JUASのアンケート調査によると，約9割の企業が「レガシーシステム」を抱えており，約7割が「レガシーシステム」が自社のデジタル化の足かせになっていると回答している（**図表7-1**）。

　また，レガシーシステムが足かせと感じている理由には，「ドキュメントが整備されていないため調査に時間を要する」，「レガシーシステムとのデータ連携が困難」，「影響が多岐にわたるため試験に時間を要する」といったものが挙げられており，技術面の老朽化，システムの肥大化・複雑化，ブラックボックス化を解決していくための課題そのものが提起されている。すなわち，DXを進める上で，データを最大限活用すべく新たなデジタル技術を適用していくためには，既存のシステムをそれに適合するように見直していくことが不可欠である（**図表7-2**）。

　レガシー問題の本質は「自社システムの中身が，ブラックボックスになってしまったこと」にある。レガシー化とは「ユーザ企業において，自社システムの中身が不可視になり，自分の手で修正できない状況に陥ったこと」というこ

【図表7-1】　レガシーシステム（老朽システム）の実態

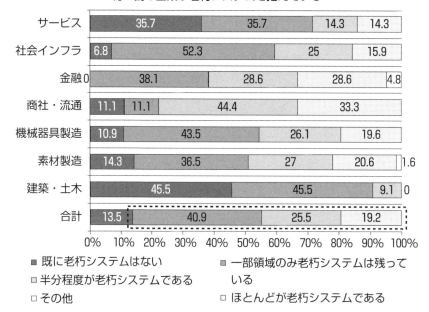

約9割の企業が老朽システムを抱えている

- ■ 既に老朽システムはない
- ■ 一部領域のみ老朽システムは残っている
- □ 半分程度が老朽システムである
- □ その他
- □ ほとんどが老朽システムである

約7割の企業が，老朽システムがDXの足かせになっていると感じている

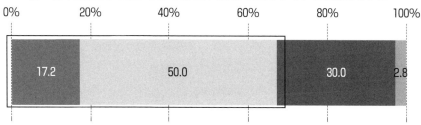

- ■ 1．強く感じる
- ■ 2．ある程度，感じる
- ■ 3．あまり感じない
- ■ 4．全く感じない
- □ 5．その他

（出所）　経済産業省　DXレポート

とができる。

　レガシー化は技術の側面のみならず，「マネジメント」の側面が大きな問題
と考えるべきである。古い技術を使っているシステムだから必ずレガシー問題

【図表7-2】 レガシーシステムが足かせと感じる理由

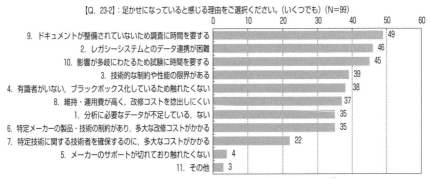

[Q. 23-2]：足かせになっていると感じる理由をご選択ください。(いくつでも) (N=99)

9. ドキュメントが整備されていないため調査に時間を要する　49
2. レガシーシステムとのデータ連携が困難　46
10. 影響が多岐にわたるため試験に時間を要する　45
3. 技術的な制約や性能の限界がある　39
4. 有識者がいない，ブラックボックス化しているため触れたくない　38
8. 維持・運用費が高く，改修コストを捻出しにくい　37
1. 分析に必要なデータが不足している，ない　35
6. 特定メーカーの製品・技術の制約があり，多大な改修コストがかかる　35
7. 特定技術に関する技術者を確保するのに，多大なコストがかかる　22
5. メーカーのサポートが切れており触れたくない　4
11. その他　3

(出所)　一般社団法人日本情報システム・ユーザー協会「デジタル化の進展に対する意識調査」（平成29年）

が発生するわけではない。適切なメンテナンスを行うITシステムマネジメントを行っている場合は，ブラックボックス化はしにくい。ただし，システム全体が一体化した古いアーキテクチャや開発技術はメンテナンスによって肥大化・複雑化する傾向にあり，時間の経過とともにレガシー問題を発生しやすいのは事実である（開発から時間が経っているためレガシー化の確率が上がる）。

　メンテナンスを繰り返し，プログラムが複雑化した場合でも必ずレガシー問題が発生するわけではない。しかしながら，開発から時間が経っている場合，レガシー問題の発生確率は上がる。逆に，最新のクラウド技術を適用していても，時間の経過とともにレガシー問題が発生し得る。

　レガシー問題はマネジメントの問題でもあるので，「ブラックボックス化」する原因を追究しておかなければ，たとえ一時期の投資でシステムをモダナイズしても，時間とともに再度レガシー問題が出現する可能性は高くなる。単純なリストや，プログラムのコンバージョンだけでは，一時的にはコストは下がっても，本質的には「ブラックボックス化」は解消されていないため，レガシー化は深刻になってしまう（**図表7-3**）。

　わが国では，初期のITシステム構築は作業の自動化が目的であり，ハードウェア・ベンダーが中心となって一括受注する形態が確立したため，要件定義

【図表7-3】　レガシー問題の本質

【「レガシーシステム問題」の本質（仮説）】

システムのブラックボックス化がレガシー問題の本質

問題の本質1）「自社システムの中身が，ブラックボックスになってしまった」

システムの全貌と機能の意義が分からない状態

↑

ブラックボックス化

技術の老朽化　　　　システムの肥大化・複雑化

問題の本質2）「不十分なマネジメントが，再びブラックボックス化を引き起こす」

ブラックボックス化を招くマネジメントの問題

古いシステム	モダナイズ後システム	再レガシー化
アプリケーション	アプリケーション	アプリケーション
ミドルウェア	ミドルウェア	ミドルウェア
インフラ	インフラ	インフラ
不十分なマネジメント	不十分なマネジメント	不十分なマネジメント

凡例　ブラックボックス化した領域

（出所）　DXに向けた研究会　一般社団法人日本情報システム・ユーザー協会説明資料

に基づき開発するウォーターフォール型となった。この形態は，米国で初期の情報システム開発で提唱され，広く普及した。しかし，米国では1980年代にレガシー化した全米航空管制システムの再開発など巨大情報システムの再開発で相次ぎ莫大な損失を生み，失敗する事例が起きたことからウォーターフォール型開発への根本的な見直しが起こった。これに対して，わが国では初期の成功体験が，ユーザ企業/ベンダー企業ともに温存され，契約の曖昧さなどもあって根本的な見直しには至らないままになっている。

　初期のITシステム構築は，ユーザの作業を写し取って論理化し，「要件定義」としてきた。現在のユーザは，システムがある状態で仕事をするのが当然となっているので，システムの全貌と機能の意義がわからない状態であり，従来のような「要件定義」をする能力を喪失している。しかし，システム刷新（モダナイズ）のときに求められるのは必ず「要件定義」であり，精緻な要件定義

が根本的に困難な状況から，曖昧なままシステム刷新・改修が進められ，トラブルの原因となるか，でき上がった瞬間から新システムのレガシー化が進み始めることになる。

　システム化の成功体験が，現場・経営者の中にあり，システムがブラックボックス化しても，システムが動いて機能している限りは，ブラックボックスの解明や，新たな構築方法を検討するまでに至っていない。レガシーシステムの問題を経営課題として，真正面から取り組まないまま時間が経過してしまっている。

　問題点の背景として，わが国企業（特に大企業）においては，世界に先駆けて情報システム化を推進し，競争力向上を果たしてきており，多くのデータ・情報資産を保有しているが，その過程で，各事業の個別最適化を優先してきたため，企業全体の最適化が図られなかったことがある。この結果，システムが複雑となり，企業全体での情報管理・データ管理が困難となっている。そのため，データ・情報資産を数多く保有しているにもかかわらず，連携が難しく，活用しきれていない，全社最適に向けての活用が困難になっているという現状があり，AI，IoT，ビッグデータ等，先端的テクノロジーを導入したとしても，その基盤たる企業のデータ利活用・連携が限定的となり，その効果も限定的となっている。

　国内にはスクラッチ開発を好むユーザ企業が多い。スクラッチ開発であるがゆえに，個々のシステムに独自ノウハウが存在するようになってしまう。何らかの理由でこれが消失したときにブラックボックス化してしまう。また，現状業務にぴったり合った，実は過剰品質となっているシステムを求める声が国内企業には強い。なおかつ，細かく手数のかかるシステムを作ることはベンダー企業のビジネスボリュームの増大，それによる売上増大にも直結するため，ベンダー企業もそれを否定しない。

　汎用パッケージやサービスを活用している場合は，ユーザ企業内からノウハウがなくなったとしても，同様のノウハウを持つ人材は世界中に存在するため，対応は可能である。ただし，わが国の場合，汎用パッケージを導入した場合も，

自社の業務に合わせた細かいカスタマイズを行う場合が多い。この結果，多くの独自開発が組み込まれることになるため，スクラッチ開発と同様にブラックボックス化する可能性が高い。

わが国企業は，成長時代に品質管理（QC，QA）手法を積極的に取り入れ，これをもとに現場力に磨きをかける「改善活動」に注力してきた。その結果は多くの成果を生むとともに，システム改修による複雑化の一因ともなってきた。また，「改善活動」からのシステム改修はそのときの環境条件やユーザの利便性を追求したものが多く「過剰サービス」，「過剰品質」の要因ともなってきた。

(2) 　維持管理に手間やコストが発生

DXの推進，すなわち，新しいデジタル技術を導入して，新たなビジネスモデルを創出するためには，IT投資における「攻めのIT投資」を重点化する必要がある。しかし，JUASの「企業IT動向調査報告書　2017」によると，わが国企業のIT関連予算の80％は現行ビジネスの維持・運営（ラン・ザ・ビジネス）に割り当てられている。さらに，ラン・ザ・ビジネス予算が90％以上を占める企業も40％を超えている。それにより，新たな付加価値を生み出すために必要なIT戦略に対して，資金・人材を十分に振り向けられていないという課題がある（図表7-4）。

具体的な投資傾向については，一般社団法人電子情報技術産業協会の「2017年国内企業の『IT経営』に関する調査」（2018年1月）に示されている。この調査によると，わが国企業は米国企業に比べて，「業務効率化/コスト削減」のための「守りのIT投資」に重点を置いている。そのため，ITを活用した新たなビジネスモデルの構築やサービスの開発を行うための「攻めのIT投資」が進んでおらず，バリューアップに向けた投資を進められていない実態が示されている。

レガシーシステムの中には，短期的な観点でシステムを開発し，結果として，長期的に運用費や保守費が高騰している状態のものも多い。これは，本来不必

【図表7-4】 年度別IT予算配分

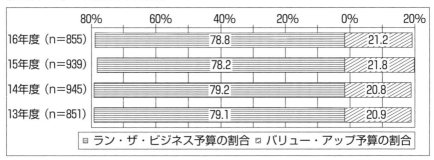

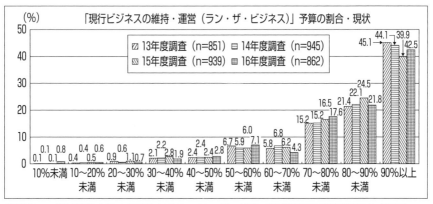

（出所） 一般社団法人日本情報システム・ユーザー協会「企業IT動向調査報告書 2017」

要だった運用・保守費を支払い続けることを意味し，一種の負債と捉えることができる。こうした負債は「技術的負債」（Technical Debt）と呼ばれている。技術的負債を抱えているということは，将来にわたってDXの実行のために必要となる攻めのIT投資に資金・人材を振り向けることが困難となっていることも意味している。

こうした技術的負債は，経営上のリスクとして経営者が認識すべきものである。しかし，現時点において，将来運用・保守費が高騰することから生じるコストを負債と捉える経営者が多くなく，したがって技術的負債を抱えていると認識している経営者は多くないものと考えられる。

ここで，短期的な観点でのシステム開発とは，リリース時点では最善の仕様，

技術を採用しているが，期限やコスト制約の中で本来取り込むべき機能が取り込めていない，もしくはリリース当時は最新だった技術が時代とともに劣化し，新たな技術が出てきているにもかかわらずそれを採用しないことで新たな技術の恩恵を受けられていない，といったことが考えられる。

(3)　経営者のコミットメント

　現在，多くの経営者が，将来の成長，競争力強化のために，新たなデジタル技術を活用して新たなビジネスモデルを創出・柔軟に改変するDXの必要性について理解していると考えられる。

　他方で，DXを実行しようとするユーザ企業の中で，ビジネスモデルを変革すべく，新たなデジタル技術を活用できるように既存システムを刷新する判断を行うユーザ企業はまだ少ないのが実態である。ただ，そうした判断を行っている企業は，必ずといっていいほど経営層の強いコミットがある。そうでない企業では，経営層の関与が薄く，既存システムを刷新するのではなく，改修して利用し続けたほうが安全であると判断されるケースが多い。

　また，ユーザ企業内が実は一枚岩ではないケースも多い。事業部ごとに個別最適化されたバラバラなシステムを利用しており，全体最適化・標準化を試みても，各事業部が抵抗勢力となって前に進まない。すなわち，既存システムの問題を解決するためには，業務自体の見直しも求められることになるが，それに対する現場サイドの抵抗が大きく，いかに実行するかが大きな課題となっている。こうした各事業部の反対を押し切ることができるのは経営トップのみであるが，そこまでコミットしている経営者が多いとはいえないのが実情と考えられる。

　一方，米国では，CEOは明らかに取締役会に目が向いていて，取締役会メンバーによる評価とチェック機能が働いている。また，取締役会メンバーが何をもとに評価をしているのかもよくわかっている。その際には，全米取締役協会（NACD；National Association of Corporate Directors）が発行しているハ

ンドブックのガイドラインを守る必要があり，その中に，ITシステム・サイバーセキュリティのガイドラインも含まれており，それを理解し，実現できなければCEOとしての責務が果たせない。CEOがすべてをCIOに丸投げするようでは，CEOとしての価値が問われるので，自ら自社のITシステム，サイバーセキュリティの現状を把握し，将来へのビジョンを示さなければいけないという意識が高い。

これに対して，わが国のCEOが，取締役会に対して，情報システムについてどこまで自らの言葉で語れているか，といった点も問われている。

3 ┃ IT資産の戦略立案

(1) DX推進ガイドライン

DXを加速していくために，DXを実現すべくITシステムを構築していく上でのアプローチや必要なアクション，あるいは失敗に陥らないために失敗の典型パターンを示した「デジタルトランスフォーメーションを推進するためのガイドライン」（DX推進ガイドライン）が策定された。

DXを実行していくにあたっては，データの利活用が鍵となる。そのため，データを蓄積・処理するITシステムが，環境変化，経営・事業の変化に対し，柔軟に，かつスピーディーに対応できることが必要である。

しかし，わが国企業においては，データ・情報資産を数多く保有しているにもかかわらず，連携が難しく活用しきれていない，全社最適に向けての活用が困難になっているといった現状がある。そのため，AI，IoT，ビッグデータ等，先端的テクノロジーを導入したとしても，その基盤たる企業データの利活用・連携が限定的であるため，その効果も限定的となっている。

DXを進める上で，データを最大限活用すべく新たなデジタル技術を適用していくためには，既存のシステムをそれに対応できる形に見直していくことが不可欠である。

　こうした状況に対し，DXを実行するための既存システムの刷新の必要性やそのための実行プロセス，経営層・事業部門・情報システム部門のあるべき役割分担について，十分な理解が浸透していない状況にある。

　このため，DXを実現する上での基盤となるITシステムを構築していく上で押さえるべきポイントとその構築ステップについての認識の共有が図られるようにガイドラインを取りまとめることが必要であった。併せて，失敗を避けるために，先行事例や失敗ケース等も盛り込む必要があった。

　なお，業界や企業，人によってDXについての捉え方や認識が異なる場合，組織内外で意思疎通がうまくいかなくなり，DX遂行の障害となり得る。このため，共通言語となるガイドラインを提示することにより，そうした事態の回避につながることが期待された。

　以上の理由から，「DX推進ガイドライン」は策定された。ガイドラインは以下の目的を想定している。

- 経営者がDXを実現する上で，基盤となるITシステムに関する意思決定に関して押さえるべき事項を明確にすること
- 取締役会メンバーや株主がDXの取組みをチェックする上で活用できること

　例えば，コーポレートガバナンスに関するガイダンスにも位置づけ，経営者や社外取締役，株主による活用を促すことも検討されている。

　構成としては，「経営戦略におけるDXの位置づけ」とこれを実現するためのアプローチである「DX実現に向けた新たなデジタル技術の活用やレガシーシステム刷新のための適切な体制・仕組み」や「実行プロセス」が盛り込まれている。

　ガイドラインは，「(1)　DX推進のための経営のあり方，仕組み」と，「(2)　DXを実現する上で基盤となるITシステムの構築」の2つから構成されている（**図表7-5**）。

【図表7-5】 DX推進ガイドラインの構成

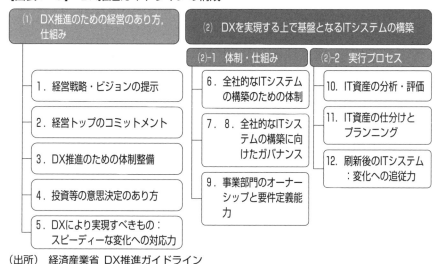

（出所） 経済産業省 DX推進ガイドライン

DX推進ガイドラインの内容は下記のとおりとなっている。

(1) DX推進のための経営のあり方，仕組み

《経営戦略・ビジョンの提示》

1．想定されるディスラプション（「非連続的（破壊的）イノベーション」）を念頭に，データとデジタル技術の活用によって，どの事業分野でどのような新たな価値（新ビジネス創出，即時性，コスト削減等）を生み出すことを目指すか，そのために，どのようなビジネスモデルを構築すべきかについての経営戦略やビジョンが提示できているか。

（失敗ケース）

- 戦略なき技術起点のPoCは疲弊と失敗のもと
- 経営者が明確なビジョンがないのに，部下に丸投げして考えさせている（「AIを使って何かやれ」）

《経営トップのコミットメント》

2．DXを推進するに当たっては，ビジネスや仕事の仕方，組織・人事の仕組み，企業文化・風土そのものの変革が不可欠となる中，経営トップ自らがこれらの変革に強いコミットメントを持って取り組んでいるか。

──仮に，必要な変革に対する社内での抵抗が大きい場合には，トップがリーダーシップを発揮し，意思決定することができているか

《DX推進のための体制整備》

3．経営戦略やビジョンの実現と紐づけられた形で，経営層が各事業部門に対して，データやデジタル技術を活用して新たなビジネスモデルを構築する取組について，新しい挑戦を促し，かつ挑戦を継続できる環境を整えているか。

① マインドセット：各事業部門において新たな挑戦を積極的に行っていくマインドセットが醸成されるよう，例えば，以下のような仕組みができているか。
　──仮説検証の繰返しプロセスが確立できている
　　仮説を設定し，実行し，その結果に基づいて仮説を検証し，それに基づき新たに仮説を得る一連の繰返しプロセスが確立できていること
　──仮説検証の繰返しプロセスをスピーディーに実行できる
　──実行して目的を満たすかどうか評価する仕組みとなっている

② 推進・サポート体制：経営戦略やビジョンの実現を念頭に，それを具現化する各事業部門におけるデータやデジタル技術の活用の取組を推進・サポートするDX推進部門の設置等，必要な体制が整えられているか。

③ 人材：DXの実行のために必要な人材の育成・確保※に向けた取組が行われているか。
　──DX推進部門におけるデジタル技術やデータ活用に精通した人材の育成・確保
　──各事業部門において，業務内容に精通しつつ，デジタルで何ができるかを理解し，DXの取組をリードする人材，その実行を担っていく人材の育成・確保等
　※ 人材の確保には，社外からの人材の獲得や社外との連携も含む
（失敗ケース）
・仮説を立てずに実行すること，失敗を恐れて何もしないこと

《投資等の意思決定のあり方》

4．DX推進のための投資等の意思決定において，
① コストのみでなくビジネスに与えるプラスのインパクトを勘案して判断しているか。
② 他方，定量的なリターンやその確度を求めすぎて挑戦を阻害していないか。
③ 投資をせず，DXが実現できないことにより，デジタル化するマーケットから排除されるリスクを勘案しているか。

《DXにより実現すべきもの：スピーディーな変化への対応力》

5．ビジネスモデルの変革が，経営方針転換やグローバル展開等へのスピー

ディーな対応を可能とするものになっているか。

(2) DXを実現する上で基盤となるITシステムの構築

(2)-1 体制・仕組み

《全社的なITシステムの構築のための体制》

6．DXの実行に際し，各事業部門におけるデータやデジタル技術の戦略的な活用を可能とする基盤と，それらを相互に連携できる全社的なITシステムを構築するための体制（組織や役割分担）が整っているか。

── 経営戦略を実現するために必要なデータとその活用，それに適したITシステムの全体設計（アーキテクチャ）を描ける体制・人材を確保できているか（社外との連携を含む）

（先行事例）

- 経営レベル，事業部門，DX推進部門，情報システム部門から成る少人数のチームを組成し，トップダウンで変革に取り組む事例あり（情報システム部門がDX推進部門となっているケースもあり）

《全社的なITシステムの構築に向けたガバナンス》

7．全社的なITシステムを構築するに当たっては，各事業部門が新たに導入するITシステムと既存のITシステムとの円滑な連携を確保しつつ，ITシステムが事業部門ごとに個別最適となることを回避し，全社最適となるよう，複雑化・ブラックボックス化しないための必要なガバナンスを確立しているか。

8．全社的なITシステムの構築に向けた刷新に当たっては，ベンダー企業に丸投げせず，ユーザ企業自らがシステム連携基盤の企画・要件定義を行っているか。

（失敗ケース）

- これまで付き合いのあるベンダー企業からの提案を鵜呑みにしてしまう
- 経営者がリスクを懸念して，実績があるベンダー企業の提案であれば問題ないとの判断に傾いてしまい，CIO（Chief Information Officer：最高情報責任者）自身もそのような報告をする

《事業部門のオーナーシップと要件定義能力》

9．各事業部門がオーナーシップを持ってDXで実現したい事業企画・業務企画を自ら明確にしているか。さらに，ベンダー企業から自社のDXに適した技術面を含めた提案を集め，そうした提案を自ら取捨選択し，それらを踏まえて各事業部門自らが要件定義を行い，完成責任までを担えているか。

── 要件の詳細はベンダー企業と組んで一緒に作っていくとしても，要件はユーザ企業が確定することになっているか（要件定義の丸投げはしない）

（失敗ケース）
- 事業部門がオーナーシップを持たず，情報システム部門任せとなり，開発したITシステムが事業部門の満足できるものとならない
- ベンダー企業が情報システム部門としか話ができず，事業部門と話ができない
- 要件定義を請負契約にした場合，ユーザ企業が自身のITシステムを把握しないまま，結果として，ベンダー企業に丸投げとなってしまう
- 既存のITシステムの仕様が不明確であるにもかかわらず，現行機能保証という要望を提示する

⑵-2　実行プロセス

《IT資産の分析・評価》

10.　IT資産の現状を分析・評価できているか。

《IT資産の仕分けとプランニング》

11.　以下のような諸点を勘案し，IT資産の仕分けやどのようなITシステムに移行するかのプランニングができているか。

——バリューチェーンにおける強みや弱みを踏まえつつ，データやデジタル技術の活用によってビジネス環境の変化に対応して，迅速にビジネスモデルを変革できるようにすべき領域を定め，それに適したシステム環境を構築できるか

——事業部門ごとにバラバラではなく，全社横断的なデータ活用を可能とする等，システム間連携のあり方を含め，全社最適となるようなシステム構成になっているか

——競争領域とせざるを得ないものを精査した上で特定し，それ以外のものについては，協調領域（非競争領域）として，標準パッケージや業種ごとの共通プラットフォームを利用する等，競争領域へのリソースの重点配分を図っているか

——経営環境の変化に対応して，ITシステムについても，廃棄すべきものはサンクコストとしてこれ以上コストをかけず，廃棄できているか

——全体として，技術的負債の低減にもつながっていくか

（先行事例）
- IT資産の現状を分析した結果，半分以上が業務上止めても問題のない，利用されていないITシステムであり，これらについては，廃棄する決断をした
- 費用対効果等を考慮し，今後，更新があまり発生しないと見込まれる機能は，その範囲を明らかにした上で，現状維持とすることもあるが，その場合でもデータ活用を阻害しないよう，他のシステムとの連携等に留意している

- 再レガシー化を回避するため，業務の簡略化や標準化を行い，標準パッケージのカスタマイズについては，経営者自らの承認事項としている。必要な場合には標準化したITシステムに合わせて，業務や製品自体の見直しを行っている。

《刷新後のITシステム：変化への追従力》

12. 刷新後のITシステムには，新たなデジタル技術が導入され，ビジネスモデルの変化に迅速に追従できるようになっているか。また，ITシステムができたかどうかではなく，ビジネスがうまくいったかどうかで評価する仕組みとなっているか。

（失敗ケース）

- 刷新後のITシステムは継続してスピーディーに機能追加できるようなものにするとの明確な目的設定をせずに，ITシステムの刷新自体が自己目的化すると，DXにつながらないITシステムができ上がってしまう（再レガシー化）

(2) DX推進指標

① DX推進指標策定のねらい

　老朽化・複雑化・ブラックボックス化した既存システムが，DX推進のための足かせになっている。一方で，ユーザ企業が自社のITシステムの内容を正確に把握できていないがゆえに，適切にデジタル技術を活用するためのシステム刷新を含めたシステムの環境整備に取り組むことができないでいる。そこで，ユーザ企業自身がITシステムの全体像を把握できるように，「見える化」指標と診断スキームが構築された。

　DX推進に向けて，老朽化・複雑化・ブラックボックス化した既存システムの刷新にわが国の多くの企業が踏み出せていない現状がある。この理由としては，コストや時間といったリスクを評価する以前に，自社の情報資産を正確に把握できていないため，どこに課題があり，どのように構築していけばよいか判断がつかないことが挙げられる。

　さらに，老朽化・複雑化・ブラックボックス化した既存システムを放置した場合，データを最大限活用できるようなDXが実現できず，また，将来にわた

り運用・保守費が高騰して，多くの技術的負債を抱えることにもなる。しかし，こうした経営上の重要な問題点について，経営者が適切に認識できているとはいえない現状にある。情報システム部門が，仮にそうした問題を認識できているとしても，経営者に対して経営上の問題として説明するのが難しいとの指摘がある。

このため，企業のDXの推進の足かせになっている既存システムのアセスメント（情報資産の「見える化」）は，経営者がシステム刷新を決断する上で，非常に重要である（**図表7-6**）。

情報資産を「見える化」するための指標は，ベンダー企業やコンサルティン

【図表7-6】 レガシーシステム脱却・更新のために必要な施策

必要な施策として17年度は，昨年の課題に加え「経営者の理解と承認」が大きく増加，「更新に制約のある技術の置き換え」も増加しており，実行に向けての苦労が窺える

【Q.23-5】：レガシーシステムからの脱却・更新を推進するうえで必要とお考えの施策をご選択ください。（いくつでも）（N=129）

※2016年度は「施策」ではなく，「脱却を阻む要因」は何かの設問 [ ] 内の記載が2016年度選択肢「7．IT投資減税の拡大」「9．分からない」に該当する選択肢はなし

施策	2017年度	2016年度
1．経営者の理解と承認［経営者の理解と承認］	62.8	20.6
2．IT投資の増加［コスト］	44.2	75.6
3．複雑化（スパゲッティ化したシステム）の解消［複雑化（スパゲッティ化）したシステム］	53.5	61.7
4．既存システムを理解しているIT要員の増員［既存システムを理解しているIT要員の不足］	38.0	60.6
5．開発・保守，維持・運用のための要員確保［開発要員の不足］	33.3	34.4
6．更新に制約のある技術の置き換え［更新の技術的制約］	39.5	18.3
7．IT投資減税の拡大	10.1	
8．その他［その他］	3.9	4.4
9．分からない	0.0	0.0

■ 2017年度　□ 2016年度

（出所）　一般社団法人日本情報システム・ユーザー協会「JUASデジタル化の取り組みに関する調査」（2017年12月実施）

グ企業等において独自に構築されているが，指標が統一されていない。そのため，ユーザ企業が診断結果を比較できないといった問題や，ベンダー企業が他社の行った診断結果をもとにした依頼を受けられないといった問題がある。また，ユーザ企業がベンダー企業やコンサルティング企業からの提案を受けるに際しても，その前にユーザ企業の経営者自らがシステムの現状や課題，放置した場合のリスク等について，経営上の重要な課題として正しく理解しておくことが不可欠である。

このため，経営者自らの理解を高めるべく，ベンダー企業やコンサルティング企業各社が評価を行うに先立って，簡易な形で統一的に情報資産を「見える化」する指標とそれに基づく診断の仕組みの構築が必要である。

この際，情報資産の状態の把握に加え，ITシステムやその投資に対して経営の観点からのガバナンスがなされているかどうかについても明らかにできるような指標とすることが望まれる。先述のように，既存システムがブラックボックス化してしまった要因として，ITシステムに対するガバナンスが機能していなかったことが挙げられることからも，この点は重要である。

こういった情報資産の診断については，以下の理由から，ユーザ企業およびベンダー企業双方から中立的な立場で客観的に診断する仕組みが必要である。

- ユーザ企業は，ベンダー企業に対して，ベンダー企業各社のサービス・パッケージへ誘導するために診断結果を活用するのではないかとの懸念を持ってしまう場合もあり，中立的な組織にて診断されることに対するニーズがある。
- ユーザ企業のシステムが複数のベンダー企業により構築されている場合が多いため，1つのベンダー企業がシステムの全容を把握することは難しい。このため，ベンダー企業には，複数のベンダー企業がかかわるシステム全体を俯瞰した診断を行うことはできないのではないかとの懸念がある。
- コンサルティング企業が診断する場合でも，特に，後続のシステム刷新やその工程管理に関与する場合には，ユーザ企業からすると，第三者機関と

しての立ち位置が必ずしも担保されていないのではないかという懸念を持ってしまう場合がある。

なお，診断にあたっては，情報資産の「見える化」に加え，ITシステムを刷新するにあたっての体制・仕組みや実行プロセスの状況についても評価を行うことが必要である。

以上の理由から，情報資産や，ITシステム刷新に係る体制・仕組みや実行プロセスの状況を「見える化」するための評価指標を策定し，その指標を用いた中立的な立場からの診断スキームが構築された。策定・構築の方針は以下のとおりである。

(i) 評価指標の策定

ア　評価指標の対象は以下とする
- ITシステムの現状（技術的負債の対象と度合い，IT成熟度やデータの利活用の状況等）
- DX実現のためのITシステム構築に係る体制・仕組みの状況
- DX実現のためのITシステム構築に係る実行プロセスの状況

イ　民間ベンダー企業等が評価を行うに先立って，簡易な形で統一的に情報資産を「見える化」する指標とする（健康診断に喩えれば，尿検査，血液検査，人間ドック，精密検査のうちの尿検査，血液検査までのイメージ）

ウ　経営のトップが経営上の課題として問題点を認識できるような指標とする

エ　評価が低かった場合にどういったアクションをすべきかの示唆につながるよう，指標の策定に際しては，可能な限り，項目ごとに数段階のレベルを設定し，到達度合いに応じてレベル付けを行う設計とする

(ii) 指標を用いた診断スキームの構築

中立的な組織に人材を集めて，評価指標の検討や診断を実施する体制を構築

する。診断ノウハウ等についてはスキルセットとしてまとめ，担い手を拡大していくこと等，多数の企業に対して対応できる仕組みも検討する。

　ここで集められる人材は，ベンダー企業やユーザ企業の情報システム部門からだけでなく，ユーザ企業のビジネスサイドからの参画も促していく。これにより，ユーザ企業におけるビジネスの視点を取り込むとともに，ユーザ企業とベンダー企業の人材交流を通じて，技術・スキルや業務知識の理解の向上にも資する場とすることも検討する。

　また，診断の結果を，DXがどこまで進んでいるかを把握することに活用することも検討する。

(iii)　診断によるインセンティブ

　　ア　診断の結果，高評価を受けた企業を優良認定することも検討する（「攻めのIT経営銘柄」との連動等）

　　イ　他社や業種内での自社の位置づけ等を経営者に示すツールとして利用できるように設計することも検討する

　システムの刷新において，コスト・リスクを低減する上で最も効果的な方法は，不要な機能を廃棄し，規模と複雑度の軽減を図ることである。

　特に，経営環境の変化に対応して，事業ポートフォリオを柔軟に見直し，そのために資産の入れ替えも常に行っていくことが求められる中で，ITシステムについても，そうした事業の見直しの中で，あるものについてはサンクコストとしてこれ以上コストをかけず，新しい分野にリソースを投入していくことが不可欠である。

　このため，先述の「見える化」指標に基づく診断の活用等により，情報資産の現状を分析・評価し，廃棄できるものの仕分けを行うことが重要である。その際には，事業部門等からの強い抵抗も想定されるが，経営トップによる強固なリーダーシップが求められる。

　なお，先行事例においては，情報資産の現状を分析した結果，半分以上が利

用されていないシステム（業務上，止めても問題ないシステム）と判断され，これらについては，捨てる決断をしたケースもある。

②　DX推進指標の構成

DX推進指標は，DXの推進に際し，現在の日本企業が直面している課題やそれを解決するために押さえるべき事項を中心に，以下のとおり構成される。

(ⅰ)　DX推進のための経営のあり方，仕組みに関する指標（「DX推進の枠組み」（定性指標），「DX推進の取組状況」（定量指標））

(ⅱ)　DXを実現する上で基盤となるITシステムの構築に関する指標（「ITシステム構築の枠組み」（定性指標），「ITシステム構築の取組状況」（定量指標））

定性指標は，指標ごとにクエスチョンが設定されており，以下の2種類で構成される（**図表7-7**）。

- キークエスチョン：経営者が自ら回答することが望ましいもの
- サブクエスチョン：経営者が経営幹部，事業部門，DX部門，IT部門等と議論をしながら回答するもの

③　定性指標における成熟度の考え方

定性指標においては，DX推進の成熟度を0から5までの6段階で評価する。日本企業の国際競争力を高め，デジタル企業への変革を促すことを目的としていることから，最終的なゴール（レベル5）は「デジタル企業として，グローバル競争を勝ち抜くことのできるレベル」とする。0の「未着手」レベルは「経営者は無関心か，関心があっても具体的な取組に至っていない」という段階，5は「グローバル市場におけるデジタル企業」というレベルになっている。本成熟度を利用することで，自社が現在どのレベルにいて，次にどのレベルを目指すのかを認識するとともに，次のレベルに向けて具体的なアクションにつなげることが期待される。

214◆

【図表7-7】「DX推進指標」の構成

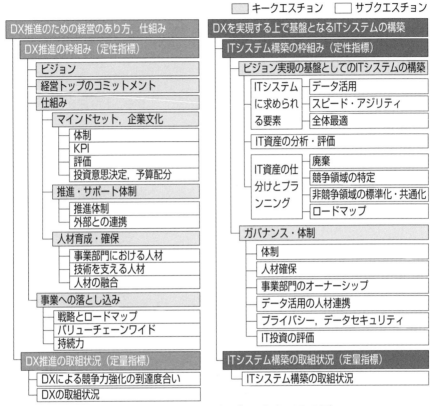

（出所）　経済産業省「『DX推進指標』とそのガイダンス」（2019年7月）

　成熟度レベルの基本的な考え方は以上のとおりである。ただし，あくまでも基本的な考え方であり，詳細については，指標項目ごとにレベル分けの記載がされているので，それに従って評価することとなる（**図表7-8**）。

④　定量指標における成熟度の考え方

　「DX推進の取組状況」については，例えば，意思決定のスピード向上や新規顧客・サービスの拡大に関する指標など，DXの実行によって経営にもたらされる変化を反映できるものについて，いくつか事例を用意しているが，基本的

【図表7-8】　DX推進指標（定性指標）の一部抜粋

No.	大分類	中分類	小分類 キークエスチョン （＋サブクエスチョン）	成熟度					
				レベル0 未着手 （経営者は無関心か、関心があっても具体的な取組に至っていない）	レベル1 一部での散発的実施 （全社戦略が明確でない中、部門単位での試行・実施に留まっている）	レベル2 一部での戦略的実施 （全社戦略に基づく一部の部門での推進）	レベル3 全社戦略に基づく部門横断的推進	レベル4 全社戦略に基づく持続的実施 （定量的な指標による持続的な実施）	レベル5 グローバル市場におけるデジタル企業 （デジタル企業として、グローバル競争を勝ち抜くことのできるレベル）
1	DX推進の枠組み	ビジョン	データとデジタル技術を使って、変化に迅速に対応しつつ、顧客視点でどのような価値を創出するのか、社内外でビジョンを共有できているか。	ビジョンが提示されていない。	ビジョンは提示されているが、現場の取組がビジョンに紐づいて行われているとは言えない。	ビジョンが明確に提示され、一部の部門での取組がビジョンに整合的に進められている。	ビジョンが明確に提示され、全社での取組がビジョンの取組がビジョンに整合的に進められている。	ビジョンが明確に提示され、全社の取組が、ビジョンの取組がビジョンに整合合って評価するモニタリングの仕組みにより、持続的に進められている。	ビジョンがグローバル競争を勝ち抜くことができるものとなっており、全社の取組が、グローバル競争で勝ち抜くための認識の共有の下に、持続的に進められている。
2			将来におけるディスラプションに対する危機感と、なぜビジョンの実現が必要かについて、社内外で共有できているか。	共有されていない。	漠然とした危機感を役員間で共有している。	マーケットの変化を内外環境データに基づき把握し、マーケットの破壊・革新が行われるタイミング、それによるビジネスインパクトについて、社内の役員の役員間で話し合っている。	マーケットの変化、破壊・革新が行われるタイミング、それによるビジネスインパクトを評価した上で、社内の役員・社員と共有している。	マーケットの変化、破壊・革新が行われるタイミング、それによるビジネスインパクトについて、定期的にアップデートしつつ、社内の役員・社員と共有している。	グローバル競争を勝ち抜く観点から、マーケットの変化、破壊・革新が行われるタイミング、それによるビジネスインパクトについて、定期的にアップデートしつつ、社内の役員・社員と共有して役員や取引先等と共有している。

（出所）経済産業省「『DX推進指標』とそのガイダンス」（2019年7月）

には，自社がDXによって伸ばそうとしている定量指標を自ら選択して算出するとともに，例えば，3年後に達成を目指す当該指標に関する数値目標を立て，進捗管理を行っていくといった活用方法を想定している。

また，「ITシステム構築の取組状況」については，基本的に企業単位での評価を想定しているため，自社で対象とするシステムやサービス，データをいくつか特定した上で回答することを想定している（**図表7-9**）。

【図表7-9】 DX推進指標（定量指標）の一部抜粋

No.	大分類	中分類	小分類	項　目	観点：算出方法
1	DX推進の取組状況	DXによる競争力強化の到達度合い	研究&開発	製品開発スピード	スピード感： タイム・トゥ・マーケット （新製品開発における研究開発の予算措置から市場提供まで）
2			マーケティング	新規顧客獲得割合	割合： 新規顧客からの売上の割合，新製品からの売上の割合。経年変化により着目。 ※流出顧客割合や廃止製品数を測定するか。新規顧客の絶対数を測定する案も。
3			調達・購買	支出プロセスにおける効率性	効率性： 統制下にある支出の割合，定型の購買サービスを用いた支出割合。
4			会計・経理	決算処理スピード	効率性： 代表的な会計処理として効率を測定。 ※決算処理日数（年次）など
5				Cash Conversion Cycle	効率性： 資金繰りに関する指標として，仕入れから販売に伴う現金回収までの日数。
6				フォーキャストサイクルタイム	スピード感： 予算見直しをアジャイルに行っているか。

（出所）　経済産業省「『DX推進指標』とそのガイダンス」（2019年7月）

(3)　攻めのIT銘柄

　「攻めのIT経営」とは，ITの活用による企業の製品・サービス強化やビジネスモデル変革を通じて新たな価値の創出やそれを通じた競争力の強化に戦略的に取り組む経営のことである。経済産業省では，「攻めのIT経営」に積極的に取り組む企業を株式市場で評価する環境を構築するため，東京証券取引所と共同で，「攻めのIT経営銘柄」として選定しており，ベストプラクティスとしての「攻めのIT経営銘柄」を，毎年，選定・公表することで，目指すべき「攻めのIT経営」を広く浸透させ，各社の取組みを促進することを目的としている。

4 ┃ 基幹システム刷新の事例

　筆者が所属している株式会社日本総合研究所においても，基幹システムの構想策定等のコンサルティングサービスを提供しており，企業経営者が現行の基幹システムがレガシーシステムとなっていることに強い危機感を抱いていることを，コンサルティングの現場で日々感じている。ここでは架空のA社を例としてコンサルティングしつつ，基幹システム刷新の流れを示したい。

(1)　A社の事業概要，事業目標

　A社は，大手の機械工具の商社である。事業概要としては，機械工具商品全般を取り扱っており，二次卸，工事店を対象に営業を行ってきた。近年は工事店向けに行っている営業がなかなか成果に結びつかず，売上・利益が低迷している。

　事業目標としては，事業構造の変革と生産性の向上による売上拡大・利益率向上を掲げている。既存の現行システムとそれを前提とした業務運用だけでは限界にきていることは明らかであった。業務・システムを抜本的に見直すことで，顧客提供価値の向上を目指していた。

⑵ 実現すべき業務モデルと事業特性

　実現すべき業務モデルは，新基幹システムの活用による担当者の役割を明確化した業務モデルである。

　A社は，見積書の発行，在庫状況の問合せ，注文の受け付けなどは，既存の現行システムを利用して業務の効率化を図っている。しかし，現行システムは数十年前にオフコンで構築したもので，すでに老朽化しているため，今後は事業目標の達成を目指すIT戦略の一環として，新基幹システムを導入したいと考えている。A社社員に対しては，業務の変更と同時に，各組織とのコミュニケーションを通じての意識改革を熟成することも意図している。

　A社の事業特性としては，二次卸，工事店向けのルート販売に頼っていた点がある。営業担当が直接客先に出向き販売を行ってきた。しかし，近年は客先店主の世代交代による若返りから営業担当者による対面販売を嫌う顧客も増えてきている。また，サブコン向けルートの売上は拡大してきているものの，現行システムはサブコン向けルートの業務には対応していないため，A社では対応に苦慮していた。

　A社は新たにIT戦略を策定し，新基幹システムを活用した業務モデルを実現したいと考えていた。

⑶ IT戦略に有効なITとIT導入プロセス

　弊社ではIT戦略の策定にあたり，有効なITとして，ベンダーが開発した標準パッケージを活用した業務を標準化するシステムを検討した。なぜならば，標準パッケージには業界における標準的な業務手順が盛り込まれており，担当者の生産性の向上が実現できると考えたからである。

　これまで現行システムは，現場の担当者からの問合せに対しては，A社の情報システム部員が対応していた。個別のシステムに関する改善の要望や問合せなどは，情報システム部員が限られた要員で対応しており，対応の遅れにつな

がっていた。しかし，弊社は，標準パッケージを活用すれば，外部リソースの活用により，限られた要員であっても素早い対応が可能になると考えた。

　業務の変更としては，発生元が正しい情報を適時に入力し，そのデータを他部門や経営データに連携し，活用することを考えた。各担当者が持つ情報をシステム内のデータとして共有・蓄積することで，担当者の手間を最小化するとともに，ヒューマンエラーを削減する。これを実現するためには，営業担当が見積りから適時に的確なデータを入力できる機能を準備する必要があった。

　弊社は，IT導入プロセスとして，アドオンとなる機能を限定しての段階的な導入を検討した。システム刷新と同時に機能を追加するよりも，システムを利用し始めた後に二次開発をすれば本当に必要な機能だけを開発することができると考えたからである。具体的には，要件定義の最終段階で，RFP（Request For Proposal/提案依頼書）の要求仕様にはなかったが，要件定義での議論の結果，追加機能として挙げられている各機能について，機能の重要性に鑑みて削減可能性の余地があるかを示した。これによりA社では，第三者の視点を確かめながら，システムの要件を固めていけると考えた。

⑷　推進体制と事業目標達成への貢献内容

①　検討した推進体制

　推進体制としては，全社一丸となってシステム刷新を実現できるプロジェクト体制を重視した。なぜならば，プロジェクトに参画して現場の意見を発信してもらうことが，新基幹システム導入の効果を引き出す鍵になると考えたからである。1つの機能であっても，業務パターンに応じて担当者の手続は異なる。業務パターンごとの業務手順を一貫して理解し，生産性を向上できる業務フローや機能要求を絞り込む人材が重要だった。具体的には，経験が豊富な営業経験者や各部門との接触が多い本社間接部門要員の登用を考えた。

②　検討した事業目標達成への貢献内容

　弊社は，事業目標達成への貢献内容として，顧客の満足度を向上させることができるようになると考えた。対面での商談を敬遠したり，営業担当者の対面販売に煩わしさを感じたりする顧客が，知りたい情報を電話やメールによる問合せで短時間に入手できるようになれば，再び顧客獲得につながると思った。

　また，社員が情報の共有により役割に応じて対応できるようにすることで，事業目標に貢献できると考えた。営業業務と事務業務を峻別し，共通的な事務業務は専門的に処理する組織に集約化することで，効率化を図ることができると思った。

(5)　IT戦略実現のための経営層への提言

　弊社は，IT戦略の実行による事業目標達成のため，ヒト・モノ・カネの経営資源の最適配分を進言した。

　ヒトに関しては，共通的な事務業務の集約化に伴い，人的資源の再配置を進言した。具体的には，営業経験者や営業助成の受注センターへの再配置や経理担当や購買担当の拠点をまたいだ統合を進言した。このようにすることで，貴重な人的資源と営業のノウハウを有効に活用できると考えた。

　また，モノ・カネに関しても，営業所維持コストや営業活動として販管費として計上していた配分率を見直すよう進言した。具体的には，同様の機能をECサイトに持たせ，それまで振り向けていたコストや労力を，さらなる追加機能の開発や社員向け教育に再分配するように提言した。

　これらの進言に対して，経営層からは売上拡大・利益率向上に貢献するばかりでなく，経営資源の有効活用につながるものとして一定の評価を受けた。また，これに伴い，現状組織や業務の見直しだけではなく業界標準の業務に合わせる形で業務手順の抜本的な見直しも並行して検討するよう指摘を頂戴した。

⑹　経営層から評価を受け考慮したこと

　弊社は，経営層の評価を受けて現行の業務手順の見直しを考えた。まず弊社は，現行の業務フローを調査した上で，次期システムにおけるあるべき業務フローを作成した。そして，新旧を比較することで業務手順が大きく変更されるポイントを抽出し，A社担当者と議論した。その結果，仕入先から送られてくる納品データや請求データを現行システムでは活用しきれていないことがわかり，次期システムには発注データと納品データを自動照合する機能を追加することとなった。今後はシステムの安定稼働を確かなものとした上で，詳細な業務フローの検討を行い，生産性の向上につながる業務フローを実現する予定としている。

第8章

グループ内資産
マネジメントのポイント

　多くの企業は，自社以外に子会社・関連会社といったグループ会社を有している。そのため，資産マネジメントを考える上では，自社だけではなく，グループ全体の視点も重要となる。

　本章では，グループ全体での現金マネジメントの高度化を図る上で重要な概念である「キャッシュ・マネジメント・システム」，グループ内の配当原資をどのように集約するべきかという「配当金マネジメント」，子会社の資本金の額をどの水準に設定するべきかという「資本金マネジメント」の3つのテーマについて説明する。また，これらのテーマを推進する上で留意すべきグループ会社側とのコミュニケーションの重要性や，推進の効果を高めるための工夫についても触れる。

1 ┃ グループ全体での資産マネジメントの重要性

(1) グループ経営の広がりとグループマネジメントの課題

　事業多角化の進展，海外展開，あるいは機能子会社（情報システム，事務サービスなどの一部の機能を切り出して別会社化したもの）の設立，M&Aの推進などを背景に，大手企業を中心にグループ会社数は増加している。ここまで，主に単体企業内での資産マネジメントについて説明してきたが，グループ経営

の重要性が増していることも踏まえ，グループ全体での資産マネジメントについても整理しておくこととする。

資産マネジメントに限らず，グループマネジメントの考え方に関しては経済産業省が2019年6月に公表した「グループ・ガバナンス・システムに関する実務指針」（グループガイドライン）が参考になる。本ガイドラインでは，「グループ設計の在り方」，「事業ポートフォリオマネジメントの在り方」，「内部統制システムの在り方」，「子会社経営陣の指名・報酬の在り方」，「上場子会社に関するガバナンスの在り方」についての基本的な考え方やベストプラクティスが示されている。このうち，「グループ設計の在り方」で示されている内容の理解は，資産マネジメントを考える上でも有用であろう。

グループ会社のマネジメントの現状と課題に関して，同ガイドラインの要旨（エグゼクティブ・サマリー）の中には以下の記述がある（下線は筆者）。

「日本企業の現状に対しては，グループとしての経営方針や戦略論が不在ではないか，子会社数の増加で管理が困難になっているのではないか，事業部門が強く，「横串」を通すべきグループ本社（コーポレート部門）の機能発揮が不十分ではないか，経営の基本方針（集権型か分権型か）と実際の取組が整合していないのではないか，といった指摘がある。」

ここで指摘されているとおり，グループ会社が増加する中で，グループ全体最適でのマネジメントができていないケースは多く存在していると考えられる。

グループ経営においては，本ガイドラインでも触れられているとおり，「集権型か分権型か」といった論点が重要となる。この点については，事業が多角化すればするほど，基本的には「分権化」が進むことになる。これは，多角化した企業においては，様々な事業の内容を一元的に把握し中央集権的に経営を行うことは難しいことから，各事業に権限と責任を委譲して事業ごとに自主自立経営を行い，それをグループ本社が統制する，という形になっていくからである。

　ただし，単に経営を各グループ会社へ任せればよいということではない。グループ本社（親会社）が中心となって，戦略的シナジー，財務的シナジーを追求するとともに，資産マネジメントの観点からもグループ最適化を図っていくことが重要となる。

⑵　グループ資産マネジメントの視点

　グループ全体での資産マネジメントおよびグループ企業価値の向上について，基本的な考え方はこれまでと同様であり，グループ各社が展開する事業ごとに，その資産からのリターン（ROAやROIC）が最大化されるよう，資産をマネジメントしていくことになる。ただし，法人格が異なることで検討が必要な論点もあるため留意が必要である。

　1つ目は，キャッシュ・マネジメントの視点である。単一法人内の資金のマネジメントに関しては第3章で説明したが，法人が異なると，資金の管理が不十分であるケースが見られる。グループ各社が独自に資金を調達・管理している場合などは，ある会社で資金が余っていて，別の会社で資金が不足しているなど，最適化が図られていないケースがある。そこで，グループ全体での資金効率を意識したキャッシュ・マネジメント・システムの構築が重要となる。なお，グループ内でのキャッシュ・マネジメントは，その結果として資金の貸付・借入が発生するため，グループ内貸付・借入のマネジメントの側面もある。例えば，子会社が持つ余剰資金を親会社が吸い上げることは，以下で触れる配当金で吸い上げるケースを除くと，子会社から親会社への貸付が発生するということになる。

　2つ目は，配当金マネジメントの視点である。これは，キャッシュ・マネジメントとも密接に関連するが，グループ各社が創出した利益をどのように配当金として吸い上げ，最終的な株主（親会社）へ分配していくかという視点である。配当金マネジメントが行われておらず，グループ各社に利益剰余金（過去の利益の蓄積）が分散しているケースも多い。キャッシュ・マネジメントと併

【図表8-1】 グループ資産マネジメントの視点

キャッシュ・マネジメント の視点	・グループ全体で資金をいかに有効かつ効率的に活用するか ・そのためにどのような仕組みを構築するべきか
配当金マネジメントの視点	・どのようなロジックで，グループ会社からの親会社への配当金の水準をどの程度に設定すべきか
資本金マネジメントの視点	・グループ会社の資本金の水準が与える影響はどのようなものがあるか ・資本金の水準を見直すためにはどのような検討と手続が必要か

せて，配当金および利益剰余金をグループ全体でどのようにマネジメントしていくかという点も重要である。

　3つ目は資本金マネジメントの視点である。資本金は，当初子会社を設立する際（あるいはその後の子会社増資の際）に親会社から拠出された資金に相当する部分である。資本金の額は，その決定から時間が経過していることも多く，過去に決定した金額そのままになっているケースがほとんどである。一方で，資本金の額は会社法監査を受ける義務が発生する基準や，一部法人税等計算時の判断基準に用いられるなど，企業経営に与える影響は大きい。そこで，資産マネジメントの一環で資本金の水準の見直しを検討することも有意義である。

2 ┃ グループ資産マネジメントの推進

⑴ キャッシュ・マネジメント・システム（CMS）の導入

① CMSの機能と効果

キャッシュ・マネジメント・システム（CMS）に明確な定義はないが，一

般的には，資金効率の向上やガバナンスの強化を目的に，企業グループ全体の資金管理を一元的に行う仕組みのことをいう。

　CMSには様々な機能があるが，最も代表的な機能は「プーリング」と呼ばれる機能である。プーリングとは，統括会社（主に親会社）とグループ会社の間で，あらかじめ定めた条件のもと，自動で資金移動（集中・配分）を行う機能である。基準よりも資金に余剰があるグループ会社の口座（グループ会社口座）からは，統括会社の口座に自動で資金を移動（集中）させ，逆に基準より資金が不足しているグループ会社の口座へは，自動で統括会社の口座から資金を配分する。資金を統括会社へ移動させた場合，それは統括会社への貸付金として処理され，資金を配分された企業は統括会社からの借入として処理されることになる。この統括会社とグループ会社間の貸借残高をプーリング残高と呼ぶ。金融機関が提供するサービスでは，これらの結果発生するグループ内の利

【図表 8‐2】　CMSにおけるプーリング機能の概念図

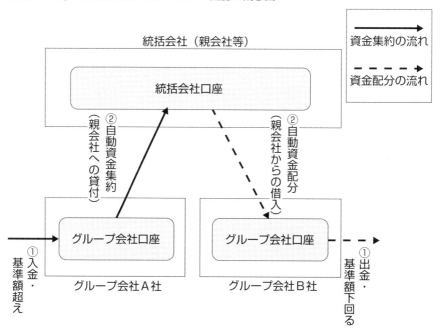

息なども自動で計算され，処理されるものが多い。

　CMSを導入していない場合，通常グループ各社は急な支払等に備えて多少現預金残高には余力を持たせている。あるいは，これまで業績が良かった企業では過去業績の積み上げとして余分な現預金を有しているケースも見られる。このような資金がグループ内の様々な箇所で発生している場合，グループ全体での余剰現預金が大きく膨らんでしまう。CMSを導入し，プーリングを行うことで，グループ内でのキャッシュの過不足が一元化され，結果的にグループ全体で借入金・支払金利の削減や，資金の有効活用を行うことができる。

　また，グループ各社の投資資金など，長期性の資金に関して，統括会社（親会社）が一元的に管理（金融機関より一元的に調達・返済）するというのもCMSの機能の1つである。グループ各社が個別に金融機関とやりとりするのではなく，グループ内金融という形で，統括会社に集約された資金から資金需要のあるグループ会社に対して期間・金利等を定めた上で貸付・回収が行われる。

　このようなプーリングやグループ内金融を進めることによって，余剰資金をグループ会社からなくすとともに，資金の動きを一元的に管理できるため，グループ会社の不正防止やガバナンス強化の観点からも有効である。さらには，金融機関とのやりとりを含む資金関連業務を統括会社へ集約できるため，業務の標準化・効率化や専門人材の集約化・有効活用といった効果も期待できる。

　CMSの他の機能としては，ネッティングや支払代行というものがある。ネッティングとは，グループ会社間での資金の決済を，プーリング残高の調整（付け替え）で行うという機能である。例えば，あるグループ会社（X社）が100万円分の商品を他のグループ会社（Y社）へ販売しており，逆にY社からもX社へ30万円分のサービスを提供（販売）している場合，それぞれ100万円分の請求・支払と30万円分の請求・支払（総額130万円分のグループ内取引）が発生するが，これを相殺し，X社からY社への正味の債権（請求額）・Y社からX社への正味の債務（要支払額）である70万円（100万円－30万円）を算定し，70万円分プーリング残高を調整（加算・減算）するという処理を行う形となる。

こうすることで，実際の資金移動なく，グループ内の決済を完了させることができる。また，支払代行とは，グループ会社の支払業務を統括会社で代行するという機能である。グループ各社が支払うべき金額について，実際の支払は統括会社（親会社等）から行い，その分プーリング残高を調整（グループ会社の統括会社に対する債権を減額，あるいは債務を増加）する仕組みである。支払のための資金をグループ会社側で持っておかなくてよいため，資金効率をより高める効果がある。グループ各社で同じ取引先（振込先）がある場合には，一括振込による手数料削減効果も得られる場合がある。

②　CMS導入の留意点と課題

CMSの効果を最大限に得るためには，各グループ会社にCMSの導入メリットを認識してもらい，実際にCMSの枠組みに参加してもらうことが重要である。近年新しく設立したグループ会社の場合には，こうしたグループ横串の取組みに参画することにはあまり抵抗がないケースが多いが，設立から時間が経過しており自主自立経営を進めているグループ会社や，M&Aで当社グループに加わった会社の場合には，CMSへの参加（加入）に抵抗感を示すケースも見られる。過去の経営の成果として多額の現預金を保有していることを，ある種の「誇り」と捉えている企業も存在するのが実態である。

CMSを導入した場合，ターゲットバランス（基準となる金額）を決め，それを超える金額は統括会社（親会社）へ預け入れるため，見た目上の現預金額が大きく減ることがある。そうした状況を捉えて，裁量権がなくなったように感じ，不満を示す企業が出てくるのである。しかしながら，これまでの章で見てきたように，余剰資産を十分な用途なく保有していることは，企業価値を毀損することにつながる。CMSの導入有無にかかわらず，各企業はできる限り余剰資産を持たないようにすることが必要である。

そこで，こうした企業に対しては，グループ本社（親会社）がCMS導入のメリット・必要性を説明することが重要になる。余剰キャッシュを各社が持つことは企業価値の向上には貢献しないこと，グループ内で資金を融通すること

でグループ全体として資金効率を上げることができること，個社としても金融機関とのやりとりや資金決済等の業務や手数料が削減できること等を，粘り強く，丁寧に説明していく姿勢が求められる。また，CMS導入後もグループ会社から効果の実感や課題を定期的に吸い上げ，ルールやターゲットバランスの見直し，機能の拡充を進めることも有効である。運用ルールやターゲットバランスを企業の規模や運営実態に合わせて柔軟に設定することでグループ各社の理解を得られる場合も多い。会計システムと連携させることで業務効率性を高めるなど，周辺領域を含めたメリットを訴求することも重要である。

　さらに，「現預金を没収された」というような不満が出ないよう，短期で必要な資金は不足が出れば自動的に手当てされるというCMSの仕組みや，長期の投資についても個社の経営計画や予算で認められていれば当然にグループ内金融の枠組みで調達可能だということも明確にしておくべきであろう。実はCMSを導入しておらず，多額の現預金がグループ会社にあるからといって，グループ会社はそれを自由に使えるわけではない。グループ会社管理規程によって一定金額以上の投資を行う場合には，親会社の承認を得るという仕組みになっていることが一般的だからである。そうした観点からも，グループ会社の感じる不満は感情的な部分が多く，通常はデメリットよりもメリット・効果のほうが大きいということは強調しておきたい。

　ただし，説明が不十分でCMSに参加しているグループ会社が限られていたり，利用機能が一部にとどまっていたりする場合には，メリットを十分に享受できず，むしろ状況や相手方によって通常の処理とCMSを使い分けなければいけない煩わしさなどが目立ってしまうおそれもある。加えて，金融機関のCMSサービスを利用する場合には利用料も必要となる。そのため，最終的には得られる効果と想定されるデメリットや利用料を総合的に勘案し，導入を進めていくことになる。

　CMSを海外のグループ会社も含めて展開するグローバル・キャッシュ・マネジメント・システム（グローバルCMS）の導入促進を課題としている企業も多い。多くの企業グループで海外展開を積極的に推進する中で，グローバル

【図表8-3】　CMSの導入におけるグループ会社への説明のポイント

企業グループ全体の視点	・グループ内各所に資金が偏在(資金の過不足)が発生すると，全体で資金効率が低下し，グループの企業価値が損なわれる ・そのため，資金の一元化を図り，企業価値の向上を追求する必要がある
グループ会社の視点	・必要な資金は自動で手当てされるため，資金繰りに関する負荷が減る ・CMS機能拡充によって支払手続の集約化などの業務効率化メリットも享受できる ・CMS導入にかかわらず一定額以上グループ会社の資金を利用する際は親会社の承認が必要であり，投資資金確保等へのマイナスの影響はない (承認されたものは当然資金的手当てを行う)

での全体最適の観点からマネジメントを行う重要性が増している。海外グループ会社（特に買収した会社）のガバナンスやリスクマネジメント強化の観点からも，一元的な資金管理は有用である。しかしながら，グローバルでの資金管理を推進していくことができる体制やノウハウが十分にないことや，各国の規制・税制の関連でそもそも仕組みの構築に制約があることなどを背景に，グローバルでのキャッシュ・マネジメントを推進できている企業は少ないのが現状である。

　グローバルCMSの構築にあたっては，経営トップがその必要性を認識し，グループ全体での財務機能の強化を進めることと併せて，はじめから完全なグローバル最適を目指すのではなく，例えば中核地域・国レベルでのCMSを構築し，それを徐々に展開していくなど，段階的な取組みが有効である。この点では，財務面の視点だけではなく，管理面全体の視点から地域統括会社の設立も鍵となる。税制・各種規制や為替変動等のカントリーリスクは地域ごとに大きく異なるため，すべてを親会社で把握・管理することは難しい。そこで，海

外グループ会社のリスクマネジメントを含む管理機能を地域統括会社に配置し，地域統括会社を核にまずは域内でのキャッシュ・マネジメントを進めていくというのが現実的であろう。

(2)　グループ内配当金マネジメント

①　グループ内配当金マネジメントの基本的な考え方

　グループ各社から親会社へどの程度配当すべきかという点については十分な検討がなされていないケースが大半である。特に基準を設けずに都度調整している場合と，何らかの基準を設定している場合があるが，基準を設けている場合であっても，なぜその基準を採用しているか理由が明確になっていない場合が多い。グループ全体での資産マネジメントを検討する際には，その機会を活用して改めて配当金マネジメントの考え方を整理しておくことが望ましい。

　なお，配当基準の実際の例としては以下のようなものがある。

【グループ各社一律に設定】
- 配当性向（利益に対する配当金の割合）50％を原則とする
- 親会社の配当性向をベースとする
- 上場企業の平均的な配当性向を踏まえ30％とする

【グループ会社（区分）ごとに設定】
- 各社の事業内容・業績を踏まえた区分ごとに配当性向を設定

　各社一律の基準（配当性向〇％）については，その根拠を説明することは難しいのではないだろうか。そもそも，グループ会社の配当性向は企業グループにとってどのような意味を持つのか。その点から整理しておきたい。配当は本来，親会社が子会社から投資資金を回収する手段であり，他方子会社から見た場合には利益の還元と成長のための原資（内部留保）とのバランスを決めるものであるため，その水準の決定は上場会社における株主還元政策と同様に重要

なものであるはずである。しかしながら，CMSを導入している企業グループにおいてはその意義は随分異なる。CMSがある場合，配当をしようとしなかろうと基準値を超える現預金は統括会社（親会社）へ預けられるのであって，自動的に資金面では親会社へ集約されることになる。結果的に，配当の多寡にかかわらず，親会社の現預金残高は理論上一定となる。

　それでは，グループ会社の配当金マネジメントは何らの意味をなさないのだろうか。実際には，グループ会社の配当金マネジメントは，親会社株主への配当原資の一元化という観点で重要な意味を持つ。親会社が親会社株主に配当できる金額は，会社法に定められているとおり，あくまで親会社単体の配当原資の範囲内となる。連結財務諸表（貸借対照表）上でいくら利益剰余金があったとしても，単体の配当原資が不足していたら，親会社株主には利益を還元できないのである。

　こうした状況を避ける観点で，原則論でいうと，グループ各社の利益剰余金（配当原資）は親会社へ集約しておくことが望ましく，その観点からはグループ会社から親会社への配当性向は100％，すなわちすべての当期純利益を親会社へ配当するべきということになる。

　ただし，配当性向を100％にすることで発生する弊害も一部では存在する。最も大きな影響は，グループ会社の業績が悪化した場合であろう。グループ会社の類型としては，大きく事業子会社（自ら事業を営むグループ会社）と機能子会社（情報システム，事務サービスなどの一部の機能を切り出して別会社化したもの）に分けられる。機能子会社の場合，一部外販（グループ外の企業に対して製品・サービスを販売）していることはあるものの，一般的にはグループ内企業への売上が大半を占めており，その点で収入は安定しており，業績悪化の懸念は大きくないことから，配当性向を100％として差し支えがないケースが大半である。そもそも，機能子会社は，本来であれば親会社の一部門（例：情報システム部）であるものを，自由な会社制度設計（人事制度・報酬水準，採用基準）を実現することなどを目的に親会社とは別会社にしているものである。そのため，機能子会社に多額の利益剰余金が留保されている意義は小さい

234◆

【図表8-4】 CMS導入グループにおけるグループ会社配当性向の違いが与える影響

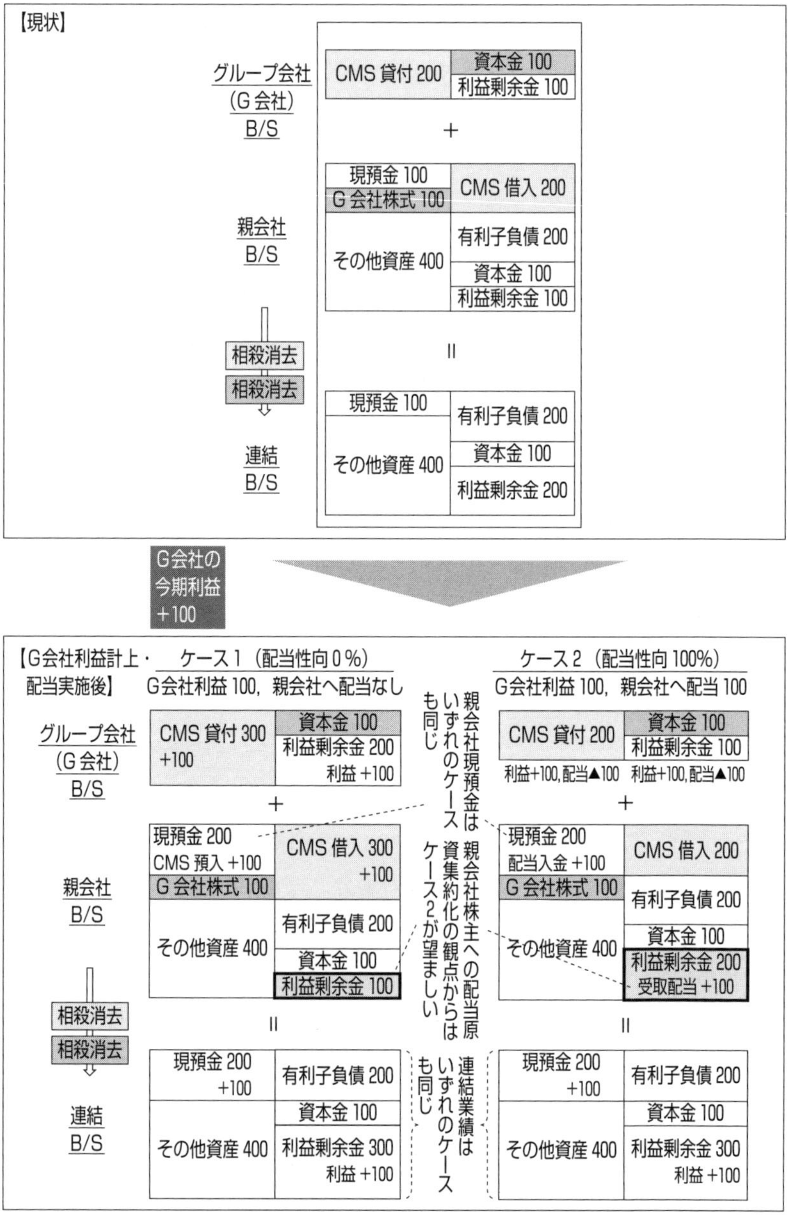

【現状】

グループ会社
（G会社）
B/S

| CMS貸付 200 | 資本金 100 |
| | 利益剰余金 100 |

＋

親会社
B/S

現預金 100	CMS借入 200
G会社株式 100	
その他資産 400	有利子負債 200
	資本金 100
	利益剰余金 100

相殺消去
相殺消去

＝

連結
B/S

現預金 100	有利子負債 200
その他資産 400	資本金 100
	利益剰余金 200

G会社の
今期利益
+100

【G会社利益計上・配当実施後】

ケース1（配当性向0％）
G会社利益 100，親会社へ配当なし

グループ会社
（G会社）
B/S

CMS貸付 300 +100	資本金 100
	利益剰余金 200
	利益 +100

＋

親会社
B/S

現預金 200 CMS預入 +100	CMS借入 300 +100
G会社株式 100	
その他資産 400	有利子負債 200
	資本金 100
	利益剰余金 100

相殺消去
相殺消去

＝

連結
B/S

現預金 200 +100	有利子負債 200
その他資産 400	資本金 100
	利益剰余金 300
	利益 +100

ケース2（配当性向100％）
G会社利益 100，親会社へ配当 100

グループ会社
（G会社）
B/S

CMS貸付 200	資本金 100
	利益剰余金 100
利益+100,配当▲100	利益+100,配当▲100

＋

親会社
B/S

現預金 200 配当入金 +100	CMS借入 200
G会社株式 100	有利子負債 200
その他資産 400	資本金 100
	利益剰余金 200 受取配当 +100

＝

連結
B/S

現預金 200 +100	有利子負債 200
その他資産 400	資本金 100
	利益剰余金 300
	利益 +100

（中央縦書き）親会社現預金はいずれのケースも同じ

資金集約化の観点からはケース2が望ましい

親会社株主への配当原資集約化の観点からはいずれのケースも同じ

連結業績はいずれのケースも同じ

といえよう。

　一方で，事業子会社の場合，業績が悪化し，多額の赤字（当期純損失）が発生した場合，十分な利益剰余金（過去の利益の蓄積）がないと純資産（株主資本）の部が過少となり，最悪の場合，債務超過になるおそれがある。親会社の信用があれば，債務超過になったからといって直ちに経営に重大な影響を与えることはないが，一部取引に制約がかかることも考えられる。例えば，当該事業子会社の取引先（例：重要な得意先）のルールとして，「債務超過の企業とは原則として取引を行わない」というものがある場合などが考えられる。事業子会社はグループ外の企業との取引があり，中には独自に金融機関と取引しているケースもあるため，社会的信用を確保する観点から，一定の利益を内部に留保しておくこと，すなわち配当性向を100％としないことに一定の合理性があるといえるだろう。その上で配当性向をどの水準とするかについて，明確な基準を定めることは難しいが，例えば一定の自己資本比率や資本金および資本剰余金の一定倍数を上限としてその水準に達するまでは配当性向を50％とする，などの案が考えられる。いずれにしても，事業子会社であるグループ会社については，個社の事業特性等の状況に応じて柔軟に配当性向を定める形にしておくことが望ましい。

②　グループ内配当金マネジメント推進上の論点・課題

　CMSの際と同様に，配当金マネジメントに関しても，その目的・内容について各グループ会社の理解を醸成することが最も重要である。グループ会社の中には，創出した利益を配当金の形で親会社に吸い上げられることについて不満を抱くケースがある。この点，利益剰余金はグループの最終的な所有者である親会社株主の持分であって，原則として親会社に集約することが求められる点を強調するべきであろう。また，グループ会社として設備投資等に必要な資金は親会社から迅速に提供する仕組みを併せて説明することで，過剰な内部留保（利益剰余金の蓄積）自体には子会社側のメリットがないことも明示しておく必要がある。もし，過去の利益の蓄積がグループへの貢献度として重要な指

標であったとしても，過去のグループ会社の累積損益を集計・管理しておけば十分なはずであり，実際の貸借対照表上に利益剰余金として残しておく必要はない。このような丁寧な説明・工夫を通じて，本質的ではない部分でグループ会社側のモチベーションが低下することは避けなければならない。

　配当金マネジメントの見直しと併せて，改めてグループ会社の評価方法を再考することも有用である。グループ会社の評価は，一般的には財務項目（売上，利益，ROA・ROIC等の資産収益性など）と定性部分を含む非財務項目（各種非財務的なKPI，達成すべき水準，コンプライアンス等の遵守状況など）からなるが，特に財務項目の資産収益性を指標に入れることで，配当金マネジメントの理解も得られやすい。例えば，利益剰余金の蓄積が大きいグループ会社においては，当該剰余金が設備投資等に用いられている場合を除いて資産収益性は計算上低下する。そのため，ROAやROICなどの資産利益率が評価指標に含まれていれば，グループ会社としても利益剰余金を親会社へ配当し，資産を圧縮することで資産収益性を高めることについてインセンティブが働くことになる。

　図表8-5はこれを数値例で示したものである。仮に利益の創出水準に影響を与えない流動資産（現預金や，親会社へのCMS預入金を想定）を100億円，事業用資産を200億円有しており，過去の蓄積である利益剰余金を150億円有しているグループ会社があり，利益は15億円毎期創出しているものとする。このグループ会社の総資産利益率（ROA）は5％（15億円÷300億円）である。一方，余剰資金を親会社へ配当すると，総資産は事業用資産だけの200億円となり，総資産利益率（ROA）は7.5％（15億円÷200億円）まで高まることになる。

　ここまでの議論は，グループ会社が100％子会社（間接保有を含む）であることを前提に話を進めてきたが，100％子会社以外の場合には留意が必要である。

　まず税務面について，法人税法上は，100％の株式を保有する国内の会社（完全子法人株式等）からの配当金には課税されないため税務面での特段の留意事項はない（受取配当金の益金不算入制度）。100％未満であったとしても，株式

【図表8-5】　配当金の水準とROAの関係

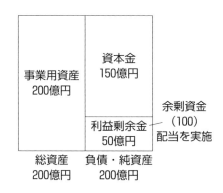

＜配当を行わないケース＞
前提：利益15億円
ROA：<u>5</u>％（15÷300）

＜余剰資産相当額をすべて配当するケース＞
前提：利益15億円
ROA：<u>7.5</u>％（15÷200）

を3分の1超保有（関係法人株式等）していれば受取配当金は全額益金不算入となるが，当該金額から負債利子（株式等に係る部分）が控除されるため，負債（借入金）がある場合には実質的には配当金の一部に課税されることになる。また，株式を5％超3分の1以下保有（税務上その他の株式等に該当）している場合には，受取配当金の益金不算入額は配当金の額の50％となるため，残りの50％部分は法人税が課税される（益金に含まれる）ことになる。

　税務面以外でも，100％子会社ではないグループ会社の場合，すなわちグループ会社に自社グループ以外の株主がいる場合には他の株主との関係性についても留意する必要がある。例えば，他に大株主がいる場合には，株主間協定が締結されていることが一般的であり，その中で配当金の水準については双方の株主の事前承認が必要となっていることも多い。

　次に，グループ会社が海外法人である場合の留意点を見ておくこととする。グループ会社が所在する各国の配当規制（配当可能額等）の遵守や経営健全性

の観点からの一定以上の純資産額の確保（利益の留保）は重要であるものの，基本的な考え方としては，海外法人の場合においても，できる限り本国（日本の親会社）への配当による利益剰余金の集約化を進めるべきである。これは，海外のグループ会社に多額の利益剰余金（および現預金）が留保されている場合には，為替リスク，その他カントリーリスクの影響を受ける可能性があるからである。なお，平成21年度税制改正で，外国子会社（原則として出資比率が25％以上の外国法人）からの本国（日本の親会社）への配当金等は，その額の95％が非課税（益金不算入）となったため，基本的には課税関係はそれぞれの国での利益に対する法人税課税で完結する形となっている。

　別の視点として，純粋持株会社制度を採用している場合のグループ内配当金マネジメントについても触れておきたい。純粋持株会社とは，自らは事業を一切行わず，子会社の株式保有のみを目的とする会社のことをいう。単に持株会社といった場合は純粋持株会社を指すことが多い。自ら事業は行わないため，（純粋）持株会社では，グループ会社（子会社）からの配当金や経営管理料が主たる収益となる。持株会社制度を採用している上場企業グループの場合，上場しているのは持株会社であることが一般的であるため，特に配当金マネジメントが重要になる。すなわち，自らは事業を行わないため，各社からの配当金を含む持株会社としての収支モデルを構築しないと，持株会社の株主への配当原資が確保できなくなるおそれがあるのである。そのため，持株会社の設立にあたっては，持株会社で必要となるコスト（主にグループ管理部門のコスト）を見積り，それを回収し，配当原資が確保できるだけの収益（配当金，経営管理料等）を計上できるようにしなければならない。さらに，グループ会社からの配当金は前述のとおり原則として益金不算入となる（会計上は利益となるが，税務上は益金とはならない）ことから，配当金だけで収支を成立させようとすると，税務上は連結納税制度を導入している場合を除いて欠損金（赤字）が発生してしまうことになるため留意が必要である。グループ管理部門のコストに相応する経営管理料等の税務上益金となる収益を確保しつつ，それらに加えて配当原資としてグループ会社からの配当金支払を受けるという形が望ましいだ

ろう。

⑶　グループ内資本金マネジメント

①　資本金の意義

　資本金および資本準備金は，会社法445条 1 項～ 3 項で以下のとおり定義されている。

【会社法445条】

> 1　株式会社の資本金の額は，この法律に別段の定めがある場合を除き，設立又は株式の発行に際して株主となる者が当該株式会社に対して払込み又は給付をした財産の額とする。
> 2　前項の払込み又は給付に係る額の二分の一を超えない額は，資本金として計上しないことができる。
> 3　前項の規定により資本金として計上しないこととした額は，資本準備金として計上しなければならない。

　すなわち，資本金も資本準備金も株主が払い込んだ出資金（元手）であり，そのうち資本金としなかったものを資本準備金として計上しなければならない，ということである。資本金や資本準備金はあくまで事業運営の元手（設立時，あるいは増資時に払い込まれる金額）なので，資本取引（増資・減資・自己株式の処分・組織再編等）を除いて通常はその金額は変動することはない。日常的な事業運営の成果は利益や損失として利益剰余金のほうの増減として現れることになる。

　資本金も資本準備金も株主が払い込んだ事業運営の元手であり，原則として会社内に留保されて株主に払い戻されることはないという意味では同じ性質を有するが，資本金の額は登記が必要であり，かつ資本金の額を減少させる場合（減資）には，より厳格な手続が定められている点で資本準備金とは異なる。減資の際は，原則として株主総会の特別決議が必要である一方，資本準備金の

【図表 8-6】 資本金・資本剰余金・利益剰余金の関係

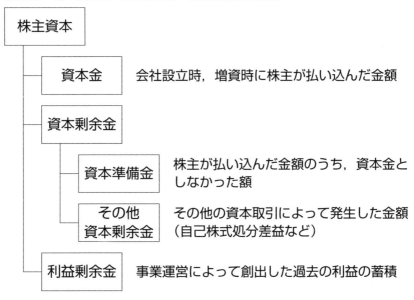

減少は株主総会の普通決議で足りる。なお，いずれの場合も原則として債権者保護手続が必要となる。

　資本金は会社運営上の基盤となる財産であり，金額が大きいほど一般的にその会社の信用度は高まることになる。しかしながら，グループ会社，特に親会社に100％株式を保有されており，グループ内金融等において実質的には親会社およびグループ全体の信用力で借入を行っているグループ会社の場合には，資本金の大小が持つ意味合いは実質的にはどの程度あるだろうか。こうした問いを投げかけることなく，グループ会社の資本金の額は，長く見直されていないのが一般的である。だが，資本金の額は外形標準課税の対象法人となるかどうかなど，その水準が経営に与えるインパクト自体は大きいことから，本来は資本金の額の見直しの必要性も含めた議論が必要である。

　グループ会社の資本金が定まる時点としては，会社設立時にその出資金として決定する場合，新設会社分割（特定の事業の権利・義務を新しく設立する会

社に引き継がせる手法）によって分社した会社の資本金を決定する場合，M&Aで株式を買収した場合などが考えられる。株式を買収してグループ会社化した場合には，資本金の額はその時点では所与となる（資本金の額の変更は通常伴わない）が，グループ会社を設立する場合と，会社分割で分社する場合（新設分割・分社型）には資本金の額の決定が行われる。会社設立時には，会社法445条2項の定めに則り，最低でも払込金額の2分の1は資本金としなければならない。例えば10億円で会社を設立した場合には，当初資本金は5億円以上必要ということになる。一方，新設会社分割の場合には，分割する資産と分割する負債（グループ内であればいずれも簿価）の差額は，資本金，資本準備金，あるいはその他資本剰余金のいずれかとなるが，その水準は任意に定めることができる。

②　資本金の金額による影響と資本金水準の検討の視点

　資本金の金額による影響の1つとして，会社法による会計監査人監査が義務づけられるかどうかという視点がある。会計監査人とは，計算書類等の会計監査を行う会社の機関のことで，公認会計士または監査法人である必要がある。この会計監査人監査を義務づけられている会社の代表例に，会社法に定める「大会社」がある。会社法上の大会社は，最終事業年度における貸借対照表の資本金が5億円以上，または負債の部の合計が200億円以上である株式会社のことである。

　資本金が5億円未満であったとしても，一般に親会社の契約している監査法人は，連結財務諸表や連結計算書類の監査の一環で，重要な子会社も含めた監査を行うことになるが，そうしたグループレベルでの監査とは別に，資本金が5億円以上の会社に関しては，個別に会計監査が必要になる。会社の規模が大きくなければ，会社法監査に必要となるコストもそこまで大きくはないが，会社法監査の対象となる企業に該当するか否かについて，資本金の額が直接影響を与えるため留意が必要である。

　もう1つの観点として，タックスマネジメントの側面としての資本金の影響

がある。法人事業税の計算をする上では，外形標準課税法人に該当するかどうかを判断する際に資本金の額が用いられる。法人事業税は，各都道府県が課す税金であり，事務所または事業所がある都道府県ごとに申告する。この際，資本金が1億円を超える場合には，外形標準課税法人となる。外形標準課税法人以外の法人においては，法人事業税は「所得割」のみとなる。この所得割は，法人の所得（儲け）に応じて課される税金である。他方，外形標準課税法人に該当すると，所得割以外に付加価値割，資本割を負担する必要が出てくる。付加価値割は，企業の損益に収益配分額（報酬・給与等の人件費部分，純支払利息部分，純支払賃借料部分）を足したもの（いわゆる付加価値額）に対して課されるものであり，所得がマイナス（赤字）であっても基本的にはプラスになる税金である。また，資本割は資本金等の額に対して課されるものであり，こちらも所得の状況にかかわらず（赤字であっても），資本金等の額（会計上の資本金＋資本剰余金の額に概ね相当する金額）に応じて負担しなければいけない税金である。

　外形標準課税が導入されている趣旨としては，適切な税負担の実現とより安定した税収の確保という観点がある。所得割は赤字の場合（いわゆる欠損法人の場合）は発生しないため，赤字の法人が増えると税収が大きく落ち込む結果となる。法人事業税は法人が地方公共団体から受けるサービス等に対する負担という側面があり，雇用人数などを含めてどんなに事業規模が大きくても赤字の場合には払う必要がないというのは，本来の課税の目的に照らして十分ではない。そこで，資本金1億円超の比較的規模の大きな法人に対して付加価値割や資本割を導入することでこれらの整合性を図ろうというものである。

　外形標準課税法人においては所得割に加えて付加価値割と資本割が課されるからといって，必ず外形標準課税法人のほうが法人事業税の金額が大きくなるわけではない。外形標準課税法人以外の法人のほうが所得割の税率が高く設定されているため，仮に法人の所得金額が小さいのであれば，利益の水準に関係なく支払う必要のある付加価値割と資本割がある分だけ外形標準課税法人の場合のほうが負担すべき税金の額は大きくなる。一方，所得金額が大きい場合に

【図表8-7】　法人の区分と法人事業税の関係

法人の区分		対象となる税
資本金1億円超の株式会社 （外形標準課税法人）	⇨	所得割，付加価値割，資本割
上記以外の株式会社 （所得を課税標準とする法人）	⇨	所得割

　は，外形標準課税法人以外の法人のほうが負担すべき税金の額は大きくなる。タックスマネジメントの観点からは，こうした課税の趣旨や計算方法を踏まえた上で，各グループ会社の実質的な規模や現状および将来の所得水準を踏まえて，必要に応じて資本金の水準の見直しを検討するべきである。

　具体的には，過去からの経緯で特段の見直しがされることなく資本金の金額が1億円を超えて外形標準課税法人となっているグループ会社について，所得水準の見通しや税理士等の専門家の意見も踏まえ，資本金を1億円以下とすることの効果・リスク等を整理した上で，整理結果をもとにグループ経営上の観点から判断・決定を行うという手順になる。

　なお，資本金の額が1億円以下の法人は法人税法上の中小法人となるため，法人税の軽減税率の適用や交際費等の損金不算入の中小企業特例などの措置の対象となる。ただし，親会社が当該グループ会社の株式を100％所有している（完全支配関係にある）大法人である場合等には特例措置が適用されないため，資本金が1億円以下となった場合でも，中小企業向け特例措置の対象となるのは一部のグループ会社にとどまる点は留意が必要である。

　その他，資本金の水準見直しを検討するケースとしては，業績の悪化したグループ会社の欠損補填のために資本金や資本準備金を減少させるケースがある。これは，資本金や資本準備金の取崩額で利益剰余金のマイナスを補填し，早期に配当可能額（剰余金のプラス額）を創出できるようにする，というものである。このケースでは，法人住民税均等割の支払額（資本金等の金額や従業員数

に応じて地方公共団体に納付するもの）が小さくなる場合もある。

③ 減資の手続の流れ

　検討の結果，グループ会社の「資本金の金額を減少させる」との結論になった場合には，減資の手続を行うことになる。減資には原則として当該グループ会社の株主総会の特別決議（定足数に足る株主が出席し，かつ出席株主の議決権の3分の2以上の賛成による決議）が必要となる。ただし，減資が定時株主総会で欠損の補塡に充てる目的で実施される場合には，その欠損の範囲内であれば，減資の決定は普通決議で実施可能である。なお，グループ会社の場合には株主は親会社のみ，あるいは親会社を中心に少数であるケースが一般的であるため，この議決権比率の要件が問題となるケースは少ないだろう。この株主総会での決議に先立って，グループ会社の取締役会において，株主総会で決議する減資の内容（減少する資本金の額，効力発生日等）の決定を行うことになる。また，グループ経営上の方針が明確になっていたとしても，グループ会社管理規程の定めに基づき，減資の内容等について親会社の経営会議や取締役会の承認が必要な場合もあるため，グループで定めた手続に則って準備を進める必要がある。

　減資にあたっては，債権者保護手続も必要である。会社の安定的な財産である資本金を減少させることは債権者の不利益になるおそれがあるため，その内容を債権者に知らせ，異議がある場合にはその申立ての機会を確保するという趣旨で行われる手続が債権者保護手続である。官報による公告と，原則として知れたる債権者（取引先等）への個別催促の実施が必要となる。債権者が異議を申し立てることができる期間は1カ月以上設けなければいけないため，これらの期間も考慮した上で効力発生日までの全体スケジュールを組むことになる。CMSを導入している企業グループの場合には，減資を行うグループ会社の債権者はグループ内の企業がほとんどである。一部取引先（仕入先など）が債権者に該当する場合もあるだろうが，必要に応じて事前説明を行うことで，基本的には問題なく手続を進めることができるだろう。

　なお，資本金の額の変更は登記が必要な事項であるため，効力発生日から2週間以内に変更登記を申請しなければならない。

④　資本金マネジメント事例

　X社グループでは，数年前に旧X社が事業会社（Y社，Z社）を新設分割・分社型で設立し，自身はXホールディングスとしてグループ経営機能に特化した純粋持株会社体制へ移行していた。事業会社Y社は，旧X社の中核事業会社を引き継ぎ，事業規模が大きかったこともあり，タックスマネジメント面の検討は十分に実施しないまま資本金を1億円超（資本金等の合計は3億円）としていた。この結果，Y社は外形標準課税法人となり，法人事業税に関して所得割に加えて付加価値割と資本割も納付する事業者となっていた。

　Xホールディングスのグループ経営管理部門では，グループ資産マネジメントの一環で，Y社の資本金水準の見直しの検討を実施した。具体的には，Y社の業績をもとに，現状ベースと，外形標準課税法人の対象外となった場合の法人事業税を試算し，どのようなケースで法人事業税がどの程度の水準となるかシミュレーションを行った。なお，税率は地方自治体ごとに異なるため，X社グループでは，あくまで大きな方針を立てるために簡易的な試算を実施したものである。

【図表8-8】　X社グループの概略

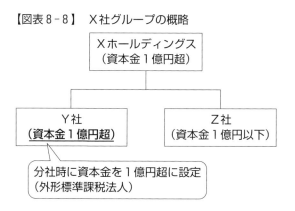

　その結果，現状の所得水準（10億円）をベースにした場合，減資をして外形標準課税法人以外の法人になると，税額は現状の約1.3億円から約7,000万円になると試算された。ただし，Ｙ社では今後事業のさらなる成長を見込んでおり，数年後の目標業績をもとにした所得金額である20億円の水準で再度試算を行ったところ，外形標準課税法人のままの場合，税額は約1.5億円になり，外形標準課税法人以外の法人になると約1.4億円になると試算された。目標業績においても外形標準課税法人以外の法人となることで試算上の法人事業税の金額は小さくなったが，業績が上振れた場合や，さらなる事業の成長を果たした場合には逆に減資をすることで法人事業税の額が大きくなることも想定された。Ｘホールディングスの経営企画部門としては，これらの状況を総合的に勘案した結果，業績が拡大すれば税の負担力も向上することから，むしろ業績悪化時の税負担の拡大リスクを重視し，Ｙ社の減資を行う方向で具体的な検討を進めることとした。

【図表 8 - 9 】　法人事業税簡易シミュレーション（イメージ）
　　　　　　　※各地方自治体分を合計した試算額

①- 1　現状所得水準×外形標準課税法人（資本金 1 億円超）

項目	実績ベースの課税標準（円）		税率	税額（円）
所得割	事業年度の所得	1,000,000,000	0.010	10,000,000
付加価値割	収益配分額＋単年度損益（いわゆる付加価値額）	10,000,000,000	0.012	120,000,000
資本割	資本金等	300,000,000	0.005	1,500,000
合計				131,500,000

①- 2　現状所得水準×外形標準課税法人以外（資本金 1 億円以下）

項目	実績ベースの課税標準（円）		税率	税額（円）
所得割	事業年度の所得	1,000,000,000	0.070	70,000,000
付加価値割	収益配分額＋単年度損益（いわゆる付加価値額）			
資本割	資本金等			
合計				70,000,000

②- 1　将来計画所得水準×外形標準課税法人（資本金 1 億円超）

項目	実績ベースの課税標準（円）		税率	税額（円）
所得割	事業年度の所得	2,000,000,000	0.010	20,000,000
付加価値割	収益配分額＋単年度損益（いわゆる付加価値額）	11,000,000,000	0.012	132,000,000
資本割	資本金等	300,000,000	0.005	1,500,000
合計				153,500,000

②- 2　将来計画所得水準×外形標準課税法人以外（資本金 1 億円以下）

項目	実績ベースの課税標準（円）		税率	税額（円）
所得割	事業年度の所得	2,000,000,000	0.070	140,000,000
付加価値割	収益配分額＋単年度損益（いわゆる付加価値額）			
資本割	資本金等			
合計				140,000,000

索　引

■編著者

高津　輝章（こうづ　てるあき）　監修および第1章，第8章担当
株式会社日本総合研究所　リサーチ・コンサルティング部門　ストラテジー＆オペレーショングループ　シニアマネジャー/公認会計士。一橋大学商学部経営学科卒業・同大学院商学研究科経営学修士課程修了。グループ経営改革，経営計画策定，経営管理機能強化，事業・組織再編，M＆A戦略立案，資本政策検討などのコンサルティング業務に従事。

■著者（五十音順）

郷原　陸（ごうはら　りく）　第3章，第6章担当
株式会社日本総合研究所　リサーチ・コンサルティング部門　ストラテジー＆オペレーショングループ　コンサルタント/中小企業診断士。一橋大学商学部経営学科卒業・同大学院商学研究科経営学修士課程修了後，現職。産業機械・電子機器/部品等の製造業を中心に，経営戦略・事業計画策定や新規事業開発などのコンサルティング業務に従事。

山口　翔平（やまぐち　しょうへい）　第5章，第7章担当
株式会社日本総合研究所　リサーチ・コンサルティング部門　ストラテジー＆オペレーショングループ　コンサルタント。早稲田大学政治経済学部経済学科卒業。株式会社日本電気にてITサービスの事業企画，株式会社ユーラスエナジーホールディングスにて再生可能エネルギーの事業開発に従事。現在は，業務改革・組織改革などのコンサルティングを中心に活動。

横内　健悟（よこうち　けんご）　第2章，第4章担当
株式会社日本総合研究所　リサーチ・コンサルティング部門　ストラテジー＆オペレーショングループ　コンサルタント。名古屋大学大学院多元数理科学研究科修士課程修了。専門は持株会社化や経営統合などの組織再編やグループ経営を起点としたガバナンス構築。

■執筆協力者

渡部　周（わたなべ　しゅう）　分析担当
株式会社日本総合研究所　リサーチ・コンサルティング部門　ストラテジー＆オペレーショングループ　コンサルタント。

■会社紹介

株式会社日本総合研究所

日本総合研究所は，シンクタンク・コンサルティング・ITソリューションの3つの機能を有する総合情報サービス企業。「新たな顧客価値の共創」を基本理念とし，課題の発見，問題解決のための具体的な提案およびその実行支援を行っている。

企業資産管理の実務入門

2020年7月1日　第1版第1刷発行

編著者　高　津　輝　章
発行者　山　本　　　継
発行所　㈱中　央　経　済　社
発売元　㈱中央経済グループ
　　　　パ ブ リ ッ シ ン グ

〒101-0051　東京都千代田区神田神保町1-31-2
電話　03 (3293) 3371 (編集代表)
　　　03 (3293) 3381 (営業代表)
http://www.chuokeizai.co.jp/
印刷／昭和情報プロセス㈱
製本／㈲井 上 製 本 所

©2020
Printed in Japan